中小學生必讀
西洋歷史轉捩點

作者／曹若梅
繪者／吳宏聰

作者序

美國總統雷根（Ronald Wilson Reagon）在西元一九八二年，向全球華人恭賀新年快樂時，說道：「祝福各位，這是你們的第四六八〇個新年。」四六八〇！此話怎講？

原來，若以中華文明的始祖黃帝算起，黃帝紀元是在西元前二六九八年，加上雷根總統當時的一九八二年，剛好是四六八〇年，足見中華文化的源遠流長，已獲得舉世公認。但是，正由於這種浩如煙海的史料內容，不僅讓孩子產生難以理解的迷思，加上無法解脫考試引導教學的魔咒，學生們被迫背誦一些陌生的人名、地名和事件，結果便是詳加探究的熱情沒了，欲知後事如何發展的好奇心也沒了，只剩下艱澀深奧，令人望而生畏的教材，這真是非常可惜的事。

不過，許多歷史素材在大家的生活中不但俯拾皆是，更是耳熟能詳的話題。不論成語典故、民俗節日或是影視娛樂，都習慣以歷史作為骨幹加以改編；但是，收視率節節攀高的坊間劇集，其內容是符合史實的歷史嗎？還是渲染誇張的文學歷史呢？傳統的歷史故事中，脫離不了忠孝節義的主軸，其內容本身就極具張力，可以說是現成的劇本素材，若再由編劇群組大筆一揮，許多跌宕起伏、扣人心弦的情節就一一浮現了，但卻也超脫歷史的真相甚遠。

所以，當觀眾隨著劇情的轉折而蕩氣迴腸時，或許那根本就是一種誤導！所謂「典型在夙昔」，身為歷史老師責無旁貸，應該指引學生如何從真實的紀錄中，欣賞前人典範。正所謂「殷鑑不遠」，又如何從真實的案例中引以為誡。因此，歷史教育不僅是學校裡應付考試的一環，同時也兼具社會教育的功能，歷史老師可謂是任重而道遠。

邁入教學生涯的三十大關以後，也參與兩岸談話性節目的歷史專題，我經常省思自身素養的不足，該如何廣涉知識，開拓眼界，活化教材，讓學生在深刻學習的同時，既能爭取高分，又能引發共鳴，培養正確的價值觀。所以，我挑選了與課程相關的人物和事件，做為本書撰寫的主軸，也充實自己教學相長的志趣。

在本書的編寫過程中，感謝我的師長、前輩給予匡正，以及編輯群鉅細靡遺的協助，在此致上由衷的感謝，也期待各界賢達不吝賜教之。

曹若梅

目次

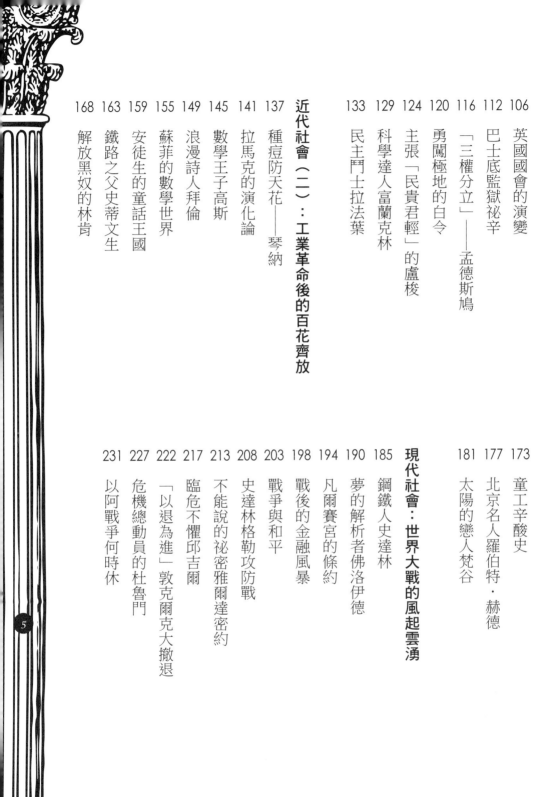

文明的起源——兩河流域

自古便是兵家必爭之地，又適合發展農業，此地又有「肥沃月彎」之稱。

「眾神保佑，賜我豐收！」吶喊聲撼動山河，但是否真能引起神明的共鳴，一時間卻又難見分曉，或許心誠則靈吧！上古時期的人們無法了解許多現象，便以擬人化的神祇鬼靈，發揮各種超自然的力量，做為所有問題的解釋。這種思考模式，連帶也影響到人類的行為，這便是上古時代的「神話思維」。

其實，人類可以發聲吶喊，已經是一種了不起的進步了。依照人類學者對於「演化」過程的研究發現，大約在十萬年前到五萬年前之間，遠古人類的體質有了極大的進步，他們的腦容量和現代人相近，發聲腔也隨之演進，不單只是發出聲音，還可以形成語言，方便彼此溝通。再加上他們運用靈活的雙手，製造出各種複雜的工具，人類和動物之間的差距越來越大。於是，人類的文明便正式展開。

到了距今約一萬年前左右，人類竟然開始「馴化」動物和植物。也就是說，人們可以透過技術，來選擇自己所喜歡的動、植物品種，然後使其大量繁殖，進而提升糧食品質，這就是農業和畜牧業的開端。然而，這一切成就又都和水源脫離不了關係。所以，人類的上古文明，便稱為「大河文明」，分別是兩河流域的西亞文明，尼羅河流域的埃及文明，黃河流域的中國文明，和印度河流域的印度文明。

由幼發拉底河和底格里斯河所沖積出來的一塊平原，就是「兩河流域」，又稱為「美索不達米亞」，位於現在的伊拉克南部，比鄰波斯灣和地中海，自古便是兵家必爭之地；加之以地形險要，又適合發展農業，所以此地又有「肥沃月彎」之稱。

以最早定居在這兒的蘇美人來說，他們的農業發達，人民生活安定，因此發展出城邦政治，以及內涵豐富的文化。例如：他們將豐收的作物製成啤酒，充分享受飲酒的樂趣，而留下「不嚐啤酒不知快樂」的語句。他們又將蘆葦草比較堅硬的一端削尖當作筆，然後在潮濕的泥板上刻畫出最早的楔形文字，還規定大家一律橫排書寫，才不會因為泥板沾黏到手而使字跡模糊。另外，他們又制定出「六十進位」的演算方式，把圓分成三百六十度。

之後稱霸兩河流域的是加爾底亞人，他們發明了「一週七天」的計日方式，並且把一天均分成十二個「雙時」，每一個雙時再細分成一百二十個單位；此外，他們還制定出春分、夏至、秋分、冬至，甚至可以推測日蝕和月蝕，還知道五大行星的存在及運行。

令人驚奇的，是當今流行的占星術，加爾底亞人早就有所研究，他們深信天上星宿的運行，可以影響到人間的禍福。經過長期觀測天象的結果，他們訂定出十二星座，例如：「雙子座」、「天蠍座」等名稱，就是由加爾底亞人命名的。

或許是為了彰顯權勢地位，加爾底亞的統治者喜歡營建大型的殿堂。被列為古代世界七大奇景之一的「空中花園」，便是他們的成就。因為「美索不達米亞」位於乾燥的沙漠氣候區，植物生長極為不易，加爾底亞的國王尼布甲尼撒二世為了博取皇后喜悅，在人工堆砌的階梯高臺上遍植奇花異草，讓皇后徜徉在花香鳥語中。這座花園的面積約有一千兩百六十平方公尺，以高二十五公尺的大柱子支撐，擁有設計精良的造景和灌溉技巧，又有「懸園」之稱，是加爾底亞浪漫的一頁傳奇。

世居在兩河流域西邊的小亞細亞西臺人，是人類歷史上第一個使用鐵器的民族。「如此尖銳的利器，我們將百戰百勝，所向無敵！」狂歡夾雜著吶喊，確實為西臺人帶來短暫的興旺，但其後又被其他民族所取代。

另一支民族「希伯來人」（猶太人），自認為是將來唯一可以升上天堂的民族，他們自稱「上帝的選民」，留下一部重要的經典《舊約全書》，後來便成為基督教《聖經》的一部分；又因為基督教的創立者耶穌也是猶太人，「聖誕節」、「復活節」都和耶穌的誕生、去世相關。而中古時期的歐洲，「信仰即生活」的現象，幾乎可說是基督教的世界。所以，希伯來人的文化傳承，已成為世界文化體系中的一支主流。

希伯來人尊崇一神信仰，對基督教和伊斯蘭教的影響極大，這些教義中都一再強調，善良的人死後可以上天堂，為非作歹的人則要下地獄遭受懲戒，這種價值觀後來深植人心，成為許多人的道德準則，和中國古訓「舉頭三尺有神明」、「人在做，天在看」，頗有異曲同工之妙。

看奧運知歷史

從取悅眾神的首屆奧運，到女性參賽、國際四大奧運家族，可說是今非昔比。

熊熊的火光燃起人們的希望，只見身著古裝的女祭司，遵循古禮的儀式，神情肅穆的高舉著火炬，為莊嚴隆重的奧運聖火揭開序幕，這是每一屆奧運的開場重頭戲。在聖火即將遊遍世界各地前，聖火點燃的第一站，一定是希臘的奧林匹亞山，因為人類在歷史上的第一屆奧運會，就在當地舉行，時為西元前七七六年。

希臘人有著多神信仰，他們相信所有的神明就像一個大家族，由宙斯和他的妻子希拉所統領。眾神都聚居在巴爾幹半島北邊的奧林匹亞山上。例如：阿波羅神控制太陽和藝術，女神雅典娜掌管工藝與智慧，耐吉是英勇的勝利女神，而宙斯夫婦則主宰雷電與天空，這些神祇多得無法計算，希臘人對每位神明都心存敬意，還為祂們編造了無數的詩篇及神話。至於大家長宙斯，則得到一份特別的殊榮，那就是每隔四年，希臘人便在伯羅奔尼撒半島西部，一個名叫做奧林匹亞的地方，舉行盛大的祭典，穿插著詩歌朗誦、演說戲劇、體育競賽等等精彩的表演，來取悅天上眾神；而其中最引人注意的，則首推體育競賽。

當時的體育競賽項目有賽跑、跳欄、角力、擲鐵餅、擲標槍、賽馬車等項目，參賽者無不全力以赴，正式比賽前，他們還須經過將近一年的魔鬼訓練。賽程中一旦能榮獲錦標，不僅可以得到許多實質的獎賞，還被大家視為英雄，簡直風光極了。

不過，所有的體育競賽都只有男性選手而無女性，女生即使是站在一旁觀賽也不被允許，甚至連參與祭神大賽的籌劃都被禁止，僅有一名負責祝禱的女祭司可以入場，除了她以外，任何女性一旦被發現違規進入會場，就會被行刑者推落懸崖致死，連選手自己的母親、妻子和女兒也無一例外！

希臘人把這一次的體育盛會，當成是神聖無比的典禮，既要取悅天上眾神，更是人世間所有參賽者展現力與美的時刻，於是大家都以裸體的姿態參加角逐、爭名次，也拚人氣，誰是兼具美麗與技藝的佼佼者，就能得到眾人的欽羨和崇拜。所以，禁止女生進入會場觀賽和參賽，似乎還真有幾分道理！

所有比賽中唯一的例外，是馬車競賽的項目。第一名的優勝者被區分成馬匹、駕車者和養馬者，不受性別的限制，因此，唯一可以進入會場公然上台領獎的，就只有得獎馬匹的女主人了。不過，根據歷史記載，曾經有一位來自羅德島的女性卡麗派翠拉違規進入會場，卻未被判處死刑。當時她悄悄的母代父職，冒充兒子的隨身教練與會，被發現後送交審判，但審判長念在他們全家有六個人在比賽中英勇奪魁，因而赦免了她的死罪，可見大家多麼重視成績的榮耀了。

難道女性就不曾表達抗議嗎？當然不是。西元前五世紀，希臘城邦比薩王貝羅普的妻子伊波達美亞就憤憤不平的表示：「女人絕非弱者，為何被摒除在奧運之外？」她不甘示弱的組成十六人的女性團體，在奧林匹亞競技場舉辦了歷史上第一屆的女性奧運會，藉以榮耀宇宙之神宙斯的妻子希拉，所以該會的名稱便是——Heraia。

為求準備的慎重和演出的精彩，女性奧運會也是四年舉辦一次，但比賽內容只有賽跑一項，參賽者必須長髮垂肩，身著貼身衣裙，不能像男性一樣全裸出賽，她們露出右肩和右胸，依舊顯現出力與美結合的奧運精神。

隨著時間腳步的移動，社會脈動的前進，國際間的各項交流日益頻繁，希臘終於在一八九六年宣布將舉辦第一屆現代奧運，並向全世界廣發邀請函，歡迎共襄盛舉；中國的清廷當然也接獲通知，只

2
3
1
6

不過，在一連串的敗仗壓迫下，慈禧太后拒絕了邀請，無奈的表示：「咱們在戰場上敵不過洋人已經夠慘了，還要到運動場上去丟人現眼嗎？」

反觀歐洲英國，經歷了工業革命的巨變，國人頗具世界觀，中產階級的家庭婦女積極參與社交活動，她們大聲疾呼：「我們要進入奧運會場！」現代奧運籌備時，國王特別承諾開幕式時歡迎女性觀眾進場，時代變遷終於給了女性應得的尊重。

至於女性是否可以參與比賽呢？自古以來舉辦了兩百多屆的奧運會，女性一直沒有參賽權，直至一九〇〇年的巴黎奧運，當時搭配著世界博覽會的舉辦，許多觀光客來到巴黎，熱鬧滾滾的氣氛帶動參加奧運的動機，許多遊客因此臨時起意報名，結果首開女子高爾夫球和網球比賽的先例，禁止女性參賽的規定從此走入歷史。

雖然開了風氣，但是當時的一千〇七十八名參賽選手中，女性選手只有十九人，所占比例不及百分之二，且網球賽還不是正式的比賽項目，只是一種表演賽；不過，女性選手的實力不容輕忽，她們的表現非凡，能力令人激賞，來自全世界的觀眾不時給予歡呼喝采，如此鼓勵了更多女性投入訓練，相繼在奧運場上嶄露頭角。所以，女性參賽的人數不斷增加，比賽項目也逐屆遞增。一九二四年，國際奧委會正式發函同意女性參賽；二〇〇四年的雅典奧運，女性選手的比例已提升到百分之四十四了，可說是今非昔比。

男女平權的時代精神如今已在奧運場上顯露無遺，唯一有爭議的是，由男變成女的「變性者」該如何認定？二〇〇四年的雅典奧運，首度允許「變性者」參加女性的比賽項目。

但是，變性者雖然經過手術處理，「她」的體能狀況依然遠勝一般的女性，仍有待國際奧會更深入的思考。

隨著「地球村」觀念的延展，以及對人權的尊重，國際奧委會開始策劃殘障人士參與奧運的可能，這便是「聽奧」及「殘奧」的由來。二〇〇九年九月，在台北展開的第二十一屆聽障奧運，是國際奧會的四個家族：「奧運、聽障奧運、殘障奧運、特殊奧運」之一。「聽奧」的前身是世界聾人運動會，第一屆「聽奧」於一九二四年在法國巴黎舉行，當時只有九國一百多位選手參加；到了二〇〇五年，墨爾本「聽奧」舉行時，已增加到七十一國、三千多人參加了；而此次台北的盛會，已有超過八十國的選手競逐各項金牌！大會設計的吉祥物，是兩隻可愛的小青蛙「WOW」，頭戴著榕樹葉及杜鵑花，象徵台北的市樹與市花，和你我一起參與這場體育盛宴。

柏拉圖

《理想國》

闡述了一個免除紛爭與自私，發揮和諧與效能的理想國度。

「天啊！我親愛的雅典，竟然分裂成兩個城市，一個屬於窮人，一個屬於富人，大家非但不能團結，反而是交戰不休。」柏拉圖無助的吶喊。這時是西元前三七一年，希臘城邦中的霸主斯巴達在底比斯（Thebes）戰敗，雅典便一枝獨秀，掌控了全希臘的統御大權。

「斯巴達奉行軍國主義，可是慘遭敗北；看來民主政治是唯一的王道。」雅典市民沾沾自喜，並且引以為傲。可是，接下來的發展，卻讓雅典逐步失控，人們也不禁懷疑起民主的真諦。

例如：境內的物價開始上漲，一般人的工作所得，永遠追不上漲幅。於是，聰明的人挖空心思，紛紛利用各種管道獲利，即使是遊走在法規邊緣，利之所在趨之若鶩，再加上人脈的庇佑，這些人長袖善舞，根本不怕觸法犯罪；反觀芸芸眾生的平民百姓，他們沒有門路，缺乏資金，只能依靠勞力艱苦維生，日子過得朝不保夕。這時社會上民怨四起，窮人和富人彼此敵對，貧富差距竟成為深仇大恨。

「我們要求立法，把富人的財產收歸國有，再重新分配給低下階層。」「你們以為投票表決就可以操控一切嗎？無限上綱式的民主，根本就是獨裁。」當人們互相攻訐、群情激憤時，柏拉圖陷入沉思：「難道沒有一種『理想國』的模式，可以達到為眾人謀福的效果嗎？」

柏拉圖（Platus）原名 **Aristokles**，柏拉圖是他的外號，意思是身體強壯而前額平坦的人。他出生在西元前四二七年，家世良好，環境優渥，幾乎不了解貧窮的涵義。現在，柏拉圖眼見窮人的處境，才逐漸體會出飢寒交迫的苦楚。

柏拉圖二十歲開始追隨蘇格拉底，西元前三九九年，當蘇格拉底以「腐化青年，並引入新神祇」的罪名被判處死刑時，柏拉圖不僅哀傷，而且對雅典的民主政治感到痛心疾首。「雅典是全希臘言論自由度最高的城市，如今失了理智，反而將滿腔怒火轉嫁到老師身上。我認為，一般市民素養不足，根本不配參與政治，主政者更需要智慧，又豈是泛泛之輩所能擔當？」

這些來自內心的吶喊，促使柏拉圖日後在著作《理想國》之中，闡述了一個免除紛爭與自私，發揮和諧與效能的理想國度。

「這個國家既不高唱民主自由，也不實行軍事獨裁，國內將依照個人的能力，將全民分為三個階層。」柏拉圖對學生說明。「例如農人、工匠和商人是最低階層，他們負責生產製造，只能提供慾望方面的功能；其上是發揮意志功能的軍人，他們必須要有堅毅的精神層次，才能保鄉衛國。不過，軍人不太需要思考，只要憑藉著本能，就可以完成國家賦予他們的任務。」

「老師，領導階層一定需要智慧吧！」「沒錯！領導者必須發揮理性的功能，一定要由出身良好的貴族擔當。」從柏拉圖和學生的對話中，不難看出他以出身貴族世家而深以為傲，並且堅持要調教出高貴的「哲學家皇帝」。

「理想國」或許真的只是一個理想。因為，貴族子弟就一定是人中龍鳳嗎？置身豪門府邸的貴族，能否體會平民百姓的殷切期望？柏拉圖未曾深思箇中道理。好在他提出憲法國家也是不錯的形式，並且一再強調教育的重要，以彌補所有的不足。

「宇宙間除了感官所接觸到的物質世界之外，還有更高一層的精神世界，只有用心靈體會，才能悟出其中的完美；而真正的美德便是以知識為基礎，培養出至善的理性。各位要明白，知識是絕對的真理，而意見則會改變，導致人世間紛爭迭起。」柏拉圖雖然沒有強制性的要求克制慾望和情緒，但是透過理性的支配，人們自然不會有脫序的行為，這和禁慾學派的主張是有所不同的。

柏拉圖在雅典成立了學院（Academy），作育英才無數，是當時的最高學府，也是日後大學的前身。柏拉圖的作品多以對話體裁完成，其中的用詞優美，論證嚴謹，內容豐富，堪稱是集文學、哲學、修辭和邏輯學的高度結合，也被視為是西方文化的奠基石；不過，由於柏拉圖所提出的理想總是鋪陳過高而難於達成，所以，後人便以「柏拉圖式的愛情」來譏諷過度浪漫，著重精神而忽略肉體的不實愛情，因為那是絕大多數飲食男女所無法做到的境界，或許只存在於「理想國」的幻夢之間吧！

通天徹地亞里斯多德

留下「吾愛吾師，吾更愛真理」名言，是一位百科全書式的科學家兼哲學家。

西元前三八四年，亞里斯多德（Aristole）在希臘北部的馬其頓王國出生，他的父親是國王的御醫，享有貴族的殊榮。所以亞里斯多德自小環境優渥，擁有幸福的家庭和良好的教育。受到父親的影響，亞里斯多德對生物學和科學充滿興趣，也以父親的成就作為榜樣。在那個階級分明的時代，亞里斯多德看到窮人和奴隸的生活，不禁有感而發：「統治者應以全民幸福為施政目標。因為，貧窮是導致革命和罪惡的源頭。」

亞里斯多德十七歲時，來到人文薈萃的雅典城，在大師柏拉圖所設立的學園就讀。往後的二十年，他專心在此地進行科學研究。跟隨著柏拉圖的這段時光，是他充滿榮耀的日子，因為他對各項研究與趣盎然，而且表現優異，是學園裡備受矚目的風雲人物。柏拉圖不只一次的稱讚這個美質良才：「我的學園是由兩個部分組合而成的，所有的學生是這個學園的身體；唯獨亞里斯多德，是整個學園裡的頭腦。」所以，經由柏拉圖的教導，亞里斯多德不僅得到嚴謹的哲學訓練，也養成他終生熱愛哲學，孜孜不倦的情操。並留下「吾愛吾師，吾更愛真理」這句名言。

隨著啟蒙恩師柏拉圖的離世，亞里斯多德離開了雅典，但是沒有直接返回家鄉。為了增廣見聞，他先到小亞細亞一帶遊歷，期間遇見一位美麗賢淑的女子，他們順利的完婚，從此過著只羨鴛鴦不羨仙的幸福生活。四年後，亞里斯多德接受馬其頓腓力國王的聘請，回去擔任十三歲的王子——亞歷山大的私人教師。

「王子殿下的聰慧無人能及，但是對於學習不夠專注，實為一大憾事。」亞里斯多德嘆了一口氣。「是啊！殿下一心建功立業，想要完成征服世界的理想，可能辜負老師對他的期望了。」大臣透露出亞歷山大的雄心壯志。對於愛好和平，不喜征戰的亞里斯多德來說，這兒並非他能發揮所長之地，於是他重返雅典，繼續他所熱愛的研究工作。

西元前三三六年，二十歲的亞歷山大繼承王位，全力擴張他的帝國版圖。此時，亞里斯多德在雅典創立了「呂克昂學園」。之後的十二年間，他誨人無數，也完成著作無數。最特別的是，他和中國的孔子一樣，都強調因材施教。他先為大部分的學生講授通識課程，然後再依據個別差異，找出學生的專長，而加以個別授業。「作育英才是一件充滿創意的工程，豈可呆板無味，流於形式？」亞里斯多德經常和同學們侃侃而談，眾人皆對他折服不已。

在一些繪畫和雕塑的紀錄中，描繪亞里斯多德穿著講究的服裝授課。他略微禿頭，身材壯碩，目光炯炯，五官輪廓分明，眼神中流露出智慧的光芒。他喜歡隨性所至，常常離開座位走到學生面前，和大家圍坐在一起討論。有時也會和學生一邊散步，一邊研究美學、哲學、文學、科學各領域的問題。所以，後人稱亞里斯多德的哲學為「逍遙學派」，他的學園為「逍遙學園」。

亞里斯多德學問淵博，所學包含了地質學、天文學、物理學、生理學……等，他的作品包括：形而上學、心理學、美學、詩歌，是一位百科全書式的科學家兼哲學家。例如：他預言了兩千年之後的工業革命。「如果梭子會自由轉動，不需人手操控，工頭就不必命令工人，主人也不必使喚奴隸了。」他還把海豚歸為「獸」而非「魚」，足見其觀察力之敏銳。他的著作超過百種，博大精深的學術貢獻無人能及。當然，在那個缺乏實驗器具的時代，提出偏差的理論在所難免。例如：他指出質量較重的物體，下墜的速度會比較輕的物體來得快速。直到十六世紀，義大利學者伽利略親自攀上比薩斜塔，經由實驗證明，才糾正了亞里斯多德的謬誤。

亞里斯多德的成就令大家有目共睹，他是有史以來，第一個接受國家資助從事學術研究的學者；至於那位提供資金的好學之士，竟是當年不被他看好的亞歷山大！

亞歷山大大帝在東征途中猝逝（西元前三二三年），國內群龍無首，馬其頓人民群起反抗，曾為君王教席的亞里斯多德受到牽連，以不敬神明的罪名被起訴，他倉皇逃離雅典，唯一的理由是：「我不想讓人們犯下第二次毀滅哲學的罪孽。」他意中所指之人，是遭受迫害而死的哲學家蘇格拉底。西元前三二三年，他在流亡途中去世，享年六十二歲。

斯巴達三百壯士

我們不從事戰爭以外的勞作，我們是天生的戰士，並深深以此為榮。

西元前四八〇年八月，綽號「獅子般勇猛」的斯巴達國王李奧尼達（Leonidas），率領了三百名戰士，在一場激戰中奮戰到底，最後全數壯烈犧牲。後人為了紀念他們，便在希臘的溫泉關豎立起紀念碑，這便是「斯巴達三百壯士」的由來。

其實，在溫泉關戰役中陣亡的斯巴達戰士，一共是二百九十八個人，而非三百人。因為其中有兩個人獲得李奧尼達的允許，於戰爭發生之前請假回到後方，並未置身戰爭現場。

不過，兩人在半途中就接獲溫泉關被偷襲的訊息，於是其中一人堅持重返戰場，勇敢的獨自衝向敵人，最後被波斯人砍殺；而另一人則安全的返家。「英雄不逞一時之勇，來日我再投效沙場。」他自忖說道。結果，他在家鄉受到所有斯巴達人的蔑視，沒人願意和他說話，沒人願意借火種給他，大家都稱他為懦夫。千夫所指的污辱，讓他生不如死，於是他投入另一場戰役，以自殺式的突襲衝向敵陣，用死亡為自己洗淨污名。

另外還傳說有一名被李奧尼達派出的特使，回程時才發現溫泉關戰役已經結束。回到斯巴達的他也因此遭受歧視，最後竟不堪受辱而自縊身亡。

將勇武善戰、為國捐軀，看得比生命更為重要的，就是斯巴達全民一致的價值觀。這個位於伯羅奔尼撒半島南部、全希臘最獨特的城邦，一直厲行軍國主義，個個都是壯士。他們之中沒有哲學家、藝術家，甚至無人從事商業、農耕，所有的斯巴達男人只有一個終身職業，那就是成為戰士。

「夫人，恭喜您，是個白白胖胖的兒子。」產婆手捧著嬰兒，遞過去讓母親瞧瞧。母親露出欣慰的微笑，卻又焦急的表示：「趕快幫我檢查看看，孩子是否一切正常？」剛生產完的母親顯得緊張萬分。「您放心吧！我們檢查過小寶寶的全身了，孩子將來肯定是健壯無比。」母親聽完這句話，終於露出慈母般的笑容，安心的小憩休養。

依照斯巴達的規定，公民的嬰兒一出生，便有專人前來檢查，如果發現小嬰兒的體質太過羸弱，或是肢體有所殘缺，嬰兒便會被拋到荒山野嶺，讓他自生自滅。斯巴達需要的是未來戰士，絕不可能耗費社會資源，照顧虛弱的孩子。除此之外，斯巴達的婦女還用烈酒為嬰兒洗澡，任由嬰兒哭鬧，以訓練他承受痛苦的毅力。因為，日後要成為一名戰士，吃苦耐勞的能力必須從小培養。

尚武好戰的氛圍也影響女性。斯巴達女性從小不從事織布、刺繡等女紅；相反的，她們花大量的時間進行體能鍛鍊，因為斯巴達人相信，惟有強健的母親，才能孕育出強健的後代；弱不禁風，搔首弄姿的嬌嬌女，可不是斯巴達男人心目中的偶像，他們欣賞體格壯碩的美女。所以，剛毅果敢的婦女形象，是斯巴達的另一項特色。

斯巴達這個名字的意思是「沃野」。附近約八千平方公里的平原，在西元前八世紀左右被他們征服，使斯巴達成為全希臘領土最廣闊的城邦。

不斷的戰爭，為斯巴達擴張了版圖，也征服當地的居民。這些人一部分成為沒有公民權的自由人「庇里阿西人」（Perioikoi），另一部分，則淪落成為斯巴達公民永遠的奴隸「黑勞士」（Helots），負責耕織等等生產工作，不分晝夜的伺候斯巴達人，還不時受到主人的鞭打懲罰。

斯巴達人看似養尊處優，威風凜凜，對奴僕頤指氣使，其實不然。為了駕馭人數遠遠超過他們的庇里阿西人和黑勞士，斯巴達人選擇了全民皆兵的生活方式，以威權控制奴隸，以戰鬥樹立英明。

「不准哭！擦乾眼淚，勇敢的去吧！」一個七歲斯巴達的小男孩，在父親的喝斥下，不得不離開母親的懷抱，昂首闊步走向軍營，展開他的軍旅生涯。

依照規定，斯巴達男人從七歲到二十歲，都必須生活在青少年營隊，接受初步的訓練；到了二十歲以後，則以更嚴格的軍事訓練，長期的操練他們，為的就是養成他們堅毅、勇敢的精神，以及絕對服從的紀律。所以，每一個人都是獨當一面的鋼鐵人。

斯巴達人在三十歲以後可以結婚，婚後仍以軍旅生活為主。男人多半安排在夜間，偷偷的在營外與妻子幽會。繁忙的軍務，加上不時遠征各地，斯巴達戰士很少休假回家，在白天正大光明的和妻兒相聚，享受天倫之樂。所以，斯巴達民間流傳著一則笑話：孩子們不曾在陽光下見過父親，昏暗的月光下，誤以為父親生就了一張黝黑的臉龐。

斯巴達男人一生馳騁沙場，參與大小戰役無數，如果能平安的活到六十歲，這位無役不與的斯巴達壯士，終於可以退休返家了，但他的身分轉為後備軍人，隨時待命出征，可能要再度衝鋒陷陣。

斯巴達男性終其一生兵馬倥傯，甚至吃飯都要到軍營的公共飯堂，他們可曾怨天尤人，感嘆生不逢時？正好相反！「我們不從事戰爭以外的勞作，我們是天生的戰士，並深深以此為榮；好男兒當戰死沙場，馬革裹屍，了無遺憾！」

歐基里德《幾何原本》

這是世界上使用最成功的教科書，歷史上最早建立起演繹體系的範本。

「老師，請問學會了幾何之後，我們可以獲得什麼好處呢？」一位學生向歐基里德請益。他花了好大的工夫，才弄懂了其中一部分的道理，所以，學生急切的想要知道，自己究竟可以得到什麼成果，以便繼續努力下去。

歐基里德輕聲的嘆了一口氣，對旁邊的助手說道：「給這個孩子三枚金幣吧！如果不讓他獲得一些立即的好處，恐怕他會就此放棄，再也沒有學習的動力了。」歐基里德不禁憂心忡忡，這些學生急功近利，目光短淺，治學之道若是為了圖利，做學問還有什麼意義呢？

歐基里德（Euclid）是西元前四世紀的大師，他的出生年月不詳，家世背景亦無可考，只知道他曾在雅典求學，受到柏拉圖思想的啟發，大約在西元前三二三年至西元前二八三年之間，他來到非洲的亞歷山大城，擔任教席而頗負盛名，至於他終老於何處，歷史上也缺乏明確的紀錄。

馬其頓領袖亞歷山大武功蓋世，締造出疆域涵蓋歐、亞、非三洲的大帝國，可惜他英年早逝。亞歷山大崩逝後，他的三個部將瓜分了帝國，其中的一部分，便是由大將軍托勒密在埃及所建的托勒密王朝。這個政權在西元前一世紀時出了一個名人，那就是集美豔與智謀於一身的埃及女王——克麗奧佩脫拉。

托勒密本人文武雙全，跟隨亞歷山大東征屢建戰功，他曾在亞里斯多德的門下求學，對希臘文化十分推崇，因此，特別邀請歐基里德前來講學。

「素聞閣下能化繁為簡，用最淺顯易懂的方式，解說抽象深奧的理論，著實讓人佩服。」「陛下的誇讚，在下愧不敢當。現在，我就來說明一下測量金字塔高度的方法。」歐基里德回答。

若要攀爬到金字塔的頂端進行測量，不僅難度極高，而且不易測出金字塔與地面的垂直高度。因為，金字塔是一個四角錐形的建築，四個面向都是傾斜的。於是，歐基里德先以自己的身體為參照值，觀察陽光下身高和身影等長的時刻。「抓住這個時刻的陽光照射，金字塔塔影的長度，就是它的高度！」歐基里德的方法，讓不少學者專家立即解惑，於是他聲名大噪，向他請益者不遠千里而來。

但是，歐基里德始終以虛懷若谷的氣度，從事各項研究，從不口出狂言，也不心高氣傲。他喜歡循循善誘，極有耐心的教導學生，經常對學生說：「孩子們，努力吧！」

對於位高權重的托勒密國王，歐基里德也是一視同仁，不斷鼓勵他努力學習。可是，國王的政務繁忙，實在是力不從心。有一次，托勒密國王心浮氣躁，開口便問：「為學之道可有捷徑，可否請老師指點一、二？」歐基里德笑而不答，緩緩寫出：「幾何無王者之道。」明確的表示，即使你貴為國王，統御萬民，還是得從根基學起，穩紮穩打的按部就班，才能有所成就。

歐基里德最有名的作品是《幾何原本》，這是世界上使用最成功的教科書，例如：因數分解、最大公因數等算式，都是歐基里德日積月累的研究心得，一直沿用到二十世紀。歐基里德以邏輯推理的方式，層層推進，編排出定理和公理，或是歸納出定律，成為歷史上最早建立起演繹體系的範本，他因此被尊稱為「幾何之父」。

《幾何原本》使歐洲許多思想家受到啟發，而在科學、數學領域有所精進，牛頓就是集大成的一例。至於亞洲的中國，則是在明神宗萬曆年間，由耶穌會傳教士利瑪竇引進，再和朝中大臣徐光啟聯合翻譯其部分內容，並加以推廣，這是西學進入中國的開端。徐光啟是士大夫中最早入教的，對於中西文化交流功不可沒。他在上海修建了第一座天主教教堂，該地如今名為「徐家匯」，而徐光啟的第十七代子孫和倪家聯姻，生了一個女兒，取名倪桂珍，她擅長數學，精通幾何，還孕育了三個女兒，都是中國現代史上響叮噹的人物，那便是宋靄齡、宋慶齡和宋美齡。

鐵血大帝大流士

厲行「國王旨意即是法律」的觀念，加上訓練的精銳部隊，波斯帝國的聲勢如日中天。

「地中海的鮮魚味道極美，朕好久沒有品嚐了。」「皇上放心，臣等定能讓陛下一償宿願。」於是，波斯的軍隊策馬急奔，火速將鮮魚快遞到君王面前，儘管皇宮遠在伊朗高原的蘇薩（Susa），距離地中海可謂十萬八千里。但是，能為大流士一世（Darius I）報效忠誠，這正是所有子民的榮耀啊！

不可一世的大流士，在西元前五二二年登基。之前的居魯士（Cyrus II），曾經締造出疆域遼闊的波斯帝國。可是，當他戰死沙場時，部將明爭暗搶，使帝國陷入四分五裂的危機。

「咱們七個人的意見不合，總不能永遠僵持下去。」「是啊！連國家體制都爭論不休，遑論日後的統治了。」「這樣吧！我們相約明早在城門口會合，誰的戰馬最先嘶鳴，誰就擔任國王。」大流士等七人位高權重，多次協商後終於做出決議。

聰明的大流士預先讓戰馬和一匹母馬交配，再將母馬拴置於城外的樹下，次日清晨騎著戰馬和六人會集。大流士的坐騎一嗅到母馬的氣味，立刻大聲鳴叫，此時天空正好出現一道閃電，彷彿是天意所示，於是眾人毫無異議，二十八歲的大流士登基稱帝。

橫阻在大流士面前的，是各地的叛亂不斷，他花了一年多的時間，先後剿平十九場動亂，使國家免於分崩離析，大流士維繫帝國聲勢於不墜，可說是勞苦功高。

「朕可以讓你們自治，不過，朕會隨時指派欽差大臣前來督察，一旦發現不法，朕絕對不會輕饒。」大流士從西元前五一八年開始，推行一連串的改革。他知道統治一個地跨歐、亞、非三洲的大帝國絕非易事，各地種族不同，文化互異，如果使用單一的標準，定會招致民怨；但如果任其自理，又將是莫衷一是。所以，大流士確立行省制度，在大權歸屬中央的原則下，各省可以自治，如此一來，不僅順應風土民情，大流士也獲得了民心。

至於各地省長的施政，則必須小心謹慎，官員的一言一行，都在大流士的掌控中，因為省長的副手來自中央朝廷，大流士還不時的指派親信四處巡視。曾經有一名長官犯法被捕，大流士命人將其剝皮，再把這張人皮鋪在府衙的座椅上，讓繼任者如坐針氈，隨時警惕自己，務必兢兢業業、盡忠職守，以免重蹈覆轍。

大流士為了樹立個人權威，開始厲行「國王旨意即是法律」的觀念，不論是中央的最高法院，還是行省的地方法院，全都嚴密的掌控著臣民，再加上他嚴格訓練出的精銳部隊，以「不死隊」的英名橫掃各地，建立了無數戰功，波斯帝國的聲勢如日中天。

為了方便軍隊的移動，大流士在全國修築驛道（公路），沿途再設驛站，一面作為傳達命令的指揮中心，一面作為人員馬匹的休息場所，如此幾近完美的設計，果真提高了境內的行政效率。

大流士所築的驛道中，有一條特別值得一提，就是東起首都蘇薩，西迄愛琴海的「皇道」。這條驛道全長約兩千四百公里，每隔二十公里設一驛站，而且路面平順，便於車馬疾馳。三百多年以後，中國西漢武帝派遣張騫出使西域，張騫開通了當時歐亞之間最長的交通孔道「絲路」，史稱「鑿空」，其中絲路的東段部分，就是大流士所築的這條「皇道」。

除了精壯的陸軍之外，大流士還擁有多達一千艘戰船的海軍，縱橫在地中海、波斯灣和裏海、黑海，儼然是海上霸主，捍衛著帝國安全，也促進了商業流通，再加上大流士將境內的貨幣加以統一，使帝國的經濟更為繁榮，國富且強的目標已經達成。

大流士接著把目光瞄準在對外擴張。他派出一批特使，分赴巴爾幹半島和愛琴海的希臘城邦，要求各邦呈獻水和土，以示臣服於波斯。在波斯兵力的震懾下，各邦無不服從，唯有雅典和斯巴達例外，他們將波斯使臣丟入泥坑和水井，並且撂下狠話：「去跟你們的國王回覆，這下子可有足夠的水和土了吧！」此舉讓雙方的戰事一觸即發。

大流士聞訊震怒不已，他派遣大軍出擊，這就是西元前四九〇年的波希戰爭。

希臘城邦知道這是生死存亡的關鍵，無不全力應戰。著名的「馬拉松海灣之役」（Bay of Marathon），雅典軍隊只有九千人，卻力抗為數十萬的波斯大軍，在眾人奮不顧身的衝刺中，波斯軍隊折損了六千多人，雅典傷亡不到兩百，最後波斯人狼狽的乘船返航。

「我們得勝了。傳令兵！」「有！」「快把波斯人逃跑的消息帶回雅典，讓父老鄉親們放心。」這個名叫費里皮得斯（Pheilippides）的傳令兵，立刻以最快的速度從馬拉松跑回雅典。但是，當他抵達雅典市中心時，卻因筋疲力竭而倒地，僅報告了勝利的喜訊便亡故。西元一八九六年，希臘政府舉辦第一屆現代奧運，特別增設了馬拉松的長跑項目，紀念這位盡職的傳令兵。

「陛下，勿忘雅典之仇。」大流士要求侍從，每日必須提醒他要再度遠征，不料這竟是他畢生的遺憾，大流士無法再披戰袍，他在西元前四八六年病逝，征伐希臘的使命終究未成。

羅馬無冕王 凱撒

創建不朽的功業，開啟羅馬帝國時代的先機，後人尊稱他是「凱撒大帝」。

「付贖金？沒問題！不過，我才值這麼幾個小錢嗎？你們不妨把贖金提高，我的部下立刻奉上。」凱撒（Julius Caesar）對海盜們說明自己的身價，讓這群人聽得目瞪口呆。他們綁架了凱撒，凱撒竟然要求增加贖金！更令人不可思議的是贖金很快便送來了，但緊追在後的，是凱撒的艦隊，他們一舉殲滅海盜，整筆贖金又原封不動的被凱撒取回。這一年，凱撒二十六歲，在政壇初露頭角。

凱撒生於西元前一〇二年，自幼勤奮好學，文武雙全。他出身貴族世家，自我要求甚高，文學、哲學、歷史、法律各領域無不涉獵，還學習雄辯技巧，為日後的執政奠定基礎。

凱撒三十歲時第一次擔任公職：軍事保民官。此後一路順遂，不到十年，便成為羅馬共和時代的最高首長——執政官。

這時候，凱撒奉命征討邊境西班牙。凱撒的軍隊所向披靡，很快便在該地重建秩序，穩定局面。最特別的是凱撒將收繳的戰利品全數交給國庫，自己分毫未取，反而是以私人錢財來犒賞將士。凱撒仗義疏財，由此聲望日隆。凱撒還關心平民百姓的生活，多次要求元老院下達減稅、配給土地、發放糧食的政令，因此廣獲民眾愛戴。

凱撒在軍事方面最大的成就，是西元前五八年的遠征高盧（Gaule，今法國、比利時的北部）之役，兩年內將高盧納入版圖，接著揮軍北伐不列顛，大軍直逼泰晤士河，不料此時高盧戰況生變，逼得凱撒腹背受敵，卻也歷練出他精湛的戰術。

最後凱撒以六萬人的兵力取勝，殲滅了敵方將近三十萬的部眾。「這十年來凱撒為羅馬開疆擴土，拿下相當於兩個義大利半島的土地，造成地中海一帶的安定，還把羅馬文明遠傳各地，真是太了不起了。」當大家對凱撒的豐功偉業讚不絕口時，他自己也志得意滿起來。凱撒堪稱文武全才實不為過，他不僅征服高盧，還撰寫了《高盧戰記》，洗鍊的文筆和優美的辭藻，印證了凱撒的文學才能。

凱撒的聲望如日中天，羅馬人希望他成為永久的執政官，凱撒的行事風格也逐步走向獨裁，他多次率領軍隊昂然的步入羅馬城，接受民眾夾道歡呼的風光，他還喜歡豎立自己的雕像，甚至把肖像鑄在羅馬錢幣上，製造出永垂不朽的形象。這些做法雖然引來議論紛紛，羅馬人還是對凱撒這位曠世奇才崇仰不已；不過，最令羅馬人難以容忍的，則是凱撒和埃及女王克麗奧佩脫拉（Cleopatra）的一段戀情。

被稱為「尼羅河畔花蛇」的克麗奧佩脫拉，是埃及皇室的後裔，先祖是亞歷山大的手下將領托勒密（Ptolemy）。克麗奧佩脫拉流露出自然而不矯情的高貴氣質，再加上豔若桃李的外表，讓她成為眾人追求的目標。她也善用自己傾國傾城的容貌，藉機爭權奪利。當凱撒因為征戰來到埃及時，克麗奧佩脫拉立刻設下美人計，讓凱撒不僅拜倒在石榴裙下，更是難以自拔。

凱撒的談吐非凡，氣宇軒昂，除了頭髮微禿之外，他實在是一個頗具魅力的男性；而比他年輕三十三歲的克麗奧佩脫拉，渾身散發青春與智慧的氣息，讓兩人的第一次相見便難分難捨。此後，凱撒協助克麗奧佩脫拉剷除異己，正式登上王位，成為名副其實的埃及女王。

凱撒不再關心羅馬的國民生計，他在埃及和女王夜夜笙歌，樂不思蜀，再加上女王為他生下一子，凱撒更是興奮的公開表示：「我將他命名為小凱撒，他將繼承我所有的功業。」

西元前四十七年，凱撒攜同克麗奧佩脫拉母子重返羅馬，人們爭睹女王的豔麗，卻不免耳語紛紛：「凱撒家裡的妻子怎麼辦？」「凱撒為女王豎立了雕像，她有資格進入羅馬的神殿嗎？」「凱撒已經被她勾去魂魄，他會不會把首都遷往埃及啊？」

人們的擔憂並非空穴來風，凱撒極有可能和女王結婚，聯手統治地中海地區，堂堂羅馬的子民，從此就得臣服在埃及女王的駕馭中，這讓大家難以容忍。此時，凱撒持續創建不朽的功業，他多次遠征，多次凱旋，還抽空完成著作《內戰記》，又建立大型圖書館，彙編內容詳盡的法典，興築運河，開發耕地。凱撒每次率眾出巡，總能造成萬人空巷的轟動，他同時扮演著狂傲又仁慈的角色，卻未察覺一項策劃暗殺的陰謀已在元老院展開，這些人心裡吶喊著：「我愛凱撒，但我更愛羅馬！」

西元前四十四年的三月十五日，凱撒一如往日，緩步走向元老院的議事堂，謀殺者一擁而上，拔出預藏的匕首刺向凱撒，凱撒本能的加以反抗，直到眼見他最信賴的布魯斯（Brutus）竟也亮出匕首，凱撒放棄抵抗，傷心欲絕的說道：「你也這樣對我？」凱撒身中二十三刀而亡。

可是，當凱撒的遺囑公布時，卻造成群情激憤的結果。人們發現凱撒將自己的私人宅邸當作大眾公園，把部分私產捐給羅馬公民，連參與謀刺行動的一些人，都分得了凱撒的財物。大家開始懷念凱撒的功德，民眾跪地感謝聖恩，不再咒罵他是獨裁者，元老院裡的氣氛凝重，元老們悔不當初，為什麼要毀滅這麼偉大的英雄，羅馬街頭充斥著哭喊聲，但是凱撒難以重生。

凱撒在歷史上永垂不朽，雖然從未稱帝，但是他開啟羅馬帝國時代的先機，後人尊稱他是「凱撒大帝」，連俄國國王的稱謂「沙皇」（Tsar），原意也是「不朽的凱撒」。凱撒無冕而王，是歷史上的一項傳奇。

暴君焚城錄——尼祿

當火光映紅了天邊，他正悠閒的彈著七弦琴，構思著如何修建金宮。

「啊哈！我終於可以過一般人正常的生活了。」羅馬皇帝尼祿（Nero）欣慰的表示。這是他在「金宮」（Domus Aurea）落成後，有感而發的論述。可是，為了修建金宮，他把國庫消耗殆盡，還有無數民伕在施工期間犧牲；更可怕的是，因為一場延燒了九天的大火，將羅馬城內的三分之二化為灰燼，尼祿才得以在空地上修建金宮。

尼祿出生在西元三十七年，他三歲喪父，由母親阿格里皮娜（Agrippina）撫養長大。阿格里皮娜出身羅馬第一任皇帝屋大維（Octavius）的家族。不過，她完全沒有承襲先祖勤政愛民的特質，個性喜揮霍，狡詐陰狠，在尼祿的父親去世後，她先改嫁給羅馬的一位富豪，又設計將其毒殺，再改嫁給羅馬的皇帝克勞提（Claudius）。

克勞提和阿格里皮娜有著親屬關係，這場婚姻無疑是一樁政治交易。阿格里皮娜的目的，是為了替兒子尼祿爭取王位。

意外的是，原本體弱多病的克勞提，竟然在享受了新婚的幸福後，身體日趨硬朗，這讓尼祿母子忍無可忍，終於觸動殺機。阿格里皮娜又施毒手，殺死了第三任丈夫。

西元五十四年，十七歲的尼祿成為羅馬皇帝，阿格里皮娜如願當上皇太后，她執掌了皇宮內外的一切，甚至想要操控兒子。「別以為你的翅膀長硬了，就可以為所欲為；若不是我鼎力相助，陛下何能榮登皇位？」阿格里皮娜對尼祿頤指氣使，引發兒子的怨恨，她也操控尼祿的婚姻，母子關係更形惡化。

「我可以成就你，也可以廢了你！讓你弟弟繼位。」阿格里皮娜的威脅，讓尼祿狠下心對親弟弟痛下毒手，在母親面前殺死十四歲的弟弟。

尼祿對母親的憎惡日深，竟想置母親於死地。尼祿多次在母親的飲食中下毒，又安排了船難等等意外，都被母親一一躲過，最後他乾脆以謀反的罪名，直接讓禁衛軍處決了母親。

失去母親的管束，尼祿更可以肆無忌憚的玩樂了。他喜歡吟詩和歌唱，為了保護喉嚨，維持嗓音的清亮，他一連數日不肯正常進食，每天陶醉在表演中。

「來！大家掌聲鼓勵。」尼祿一聲令下，他所安排的鼓掌部隊立刻抱以熱烈的掌聲。尼祿表演時，觀眾簡直是苦不堪言。因為，他的表演不論好壞，大家一定要表現出如醉如癡的模樣，而且絕對不准中途離席。

「陛下，藝術創作雖然重要，但我們羅馬幅員廣大，治國更是第一要務。」大臣的殷殷告誡，讓尼祿恨意萌生。他派人將忠心的大臣暗殺，再佯裝毫不知情，然後裝模作樣的流下眼淚。「快記錄下來，我為忠臣之死流了五滴眼淚。」尼祿叫身旁的史官隨筆記錄，還特別備有一個「淚水瓶」，盛裝皇帝珍貴的眼淚。

尼祿好大喜功，他多次表示要締造一個完美的羅馬城。可是，布新之前必須除舊，若要一一剷除城內老舊的建築，再加以改建更新，不知要等到何時。所以，尼祿想到一個點子，就是在羅馬城裡放火！

熊熊火焰吞噬了羅馬十四個區域中的十區，無數人民葬身火海。當火光映紅了天邊，四處傳來哭喊聲時，尼祿正悠閒的彈著七弦琴，遠遠望著災區，口中吟詠著希臘古詩，腦海中構思著如何修建金宮。

一連九天的大火結束了，各方指責交相而至，尼祿不敢承認罪行，把責任推給基督徒。此時的基督教被誤解為邪教，尼祿誣指他們是引燃大火的兇手，於是對基督徒展開迫害。他下令逮捕數千名教徒，把他們釘死在十字架上，或是進行人與猛獸的決鬥，一個月之內，約有五千名基督徒喪命在各種酷刑中。

尼祿終於可以著手建造他的「金宮」了。這座金宮占地八十萬平方公尺（比北京的紫禁城還要大上八萬平方公尺），內有三百多個房間，其中最重要的八角大廳高一百四十公尺，放置了尼祿一百二十公尺高的雕像；不過，這座大廳最主要的功用，是尼祿進行個人演唱會的場所，每當他在表演時，天花板上會飄散各色花瓣，壁縫中會噴灑香水，讓眾人聆聽音樂而陶醉其中。

「金宮」的內牆用黃金和珠寶裝飾，華麗可謂登峰造極。可是，大家再也不想忍受尼祿的暴虐了，各地叛軍紛起，沒想到尼祿得知後，竟然執迷不悟的表示：「喔，讓我前去用歌聲感化他們，用吟詩來換取和平吧！」

西元六十八年，羅馬元老院廢除尼祿的王位，他帶著奴僕逃到鄉下。面對死路一條，尼祿沒有勇氣自盡，最後讓奴僕一劍刺死了他，而這個暴君死前的遺言是：「人們將失去一個偉大的藝術家，真是太可悲了。」

尼祿死後，「金宮」被毀，花園內的人工湖被填平，後來的執政者將之改建成著名的古蹟——「羅馬競技場」，在西元八十年完工。這座競技場高五十公尺，內部直徑一百八十公尺，成橢圓形，四周的座位可以容納八萬名觀眾，是舉世聞名的世界文化遺產，而它的前身，只是「金宮」的一小部分！

西元十五世紀，一個羅馬市民散步時，突然掉進路邊的坑洞，觸目所及盡是精緻的壁面，雕梁畫棟隱約可見，金宮的遺跡才被挖掘出來。但是經過千年以來的破壞，輝煌不復當年，留給人們無盡的想像空間；至於尼祿，則承受千古罵名，連電腦上的燒錄程式，也以 Nero 放火為代表呢！

基督徒皇帝 君士坦丁

基督教能發展為世界性宗教，他無疑是最重要的推手。

「親愛的天父，祢是否聽到苦難人們的呼喊？」「我們仰望祢，懇求祢賜予恩典，讓痛苦結束吧！」人們跪地禱告，為那些即將接受火刑的殉教者，祈求上帝的憐憫，引領他們進入天堂。這是西元一世紀基督徒遭受迫害的情景。

西元二十九年，耶穌遭到誣陷，被釘死在十字架上。羅馬政府繼續以叛國的罪名，四處搜捕基督徒，將他們丟到猛獸群中被撕咬，或是將他們活活燒死，兩百年之間，犧牲的教徒不知凡幾。

可是，殉難者的鮮血，卻成為教會的種子。就在他們面臨死亡之際，因為對於信仰的堅持，讓他們暫時拋卻肉體的痛苦，進而追求靈魂的永生。如此坦然的態度，讓羅馬人深受感動，開始接觸《聖經》，不再將其視為妖書邪說。西元一世紀時，基督徒多為奴隸或貧民；二世紀時，中等階級的市民也入了教，信徒人數激增，約占總人口的百分之五；進入三世紀以後，羅馬的國勢大不如前，社會動盪不安的情況下，人們藉由宗教獲得安慰，不少上流社會也成了基督徒。

到了西元三一三年，君士坦丁大帝（Constantine the Great）頒布「米蘭敕令」（The Edict of Milan），正式承認基督教為合法宗教，基督徒不再慘烈犧牲。因此，人稱君士坦丁是羅馬的第一個基督徒皇帝。

君士坦丁在西元二七二年出生。父親是羅馬的高階將領，因為驍勇善戰成為帝國副元首，後來晉升為帝國西部的元首。君士坦丁的母親出身卑微，生下君士坦丁以後，遭到丈夫的遺棄。所以，君士坦丁與母親相依為命，感情深厚。

君士坦丁自小接受軍事訓練，成年後出任政府官員，他的儀表堂堂，能力卓絕，在戰場上更顯得英姿非凡，所以聲望頗高。西元三〇六年，羅馬君主崩逝，軍隊想要擁立君士坦丁為帝，一番廝殺終難避免。

「弟兄們！我深切體認各位對我的愛戴，我也願意不負眾望；但是，我們必須出生入死，擊退其他政敵，你們可願與我一同征戰沙場？」君士坦丁問道。「我們追隨將軍絕不後悔！」眾人異口同聲回答。於是，君士坦丁花了六年的時間，擊敗眾多對手，穩坐帝國西部的皇帝寶座，與東部的皇帝李錫尼烏斯（Licinius）共治。

君士坦丁和李錫尼烏斯的關係緊繃，戰爭一觸即發。君士坦丁也意識到一山不容二虎的威脅。西元三二四年，雙方正式開戰，李錫尼烏斯戰敗投降。君士坦丁處決了李錫尼烏斯和他的兒子以絕後患，自己終於成為羅馬帝國唯一的皇帝。但是，因為李錫尼烏斯的兒子是君士坦丁的親外甥，這是君士坦丁最大的憾事。

據說君士坦丁在最具關鍵性的戰役中，曾經眼見紅色火光滑過天際，形狀像是一具十字架，並且聽到天父的召喚：「信賴祂，你將得勝。」君士坦丁不由自主的跪地祈禱：「萬能的天父，我大膽向祢請求，此次征戰順利成功；也請祢接受我，終有一日成為神的兒女。」

君士坦丁在這一役中果然大獲全勝，穩固他至高無上的統治權。於是，他給予人民信仰自由，歸還了之前被政府沒收的教產，還呼籲人民改信基督教。當時朝廷裡的高階大臣及軍事將領，幾乎都是基督徒，基督教從此快速發展。如今，基督教能發展為信徒數十億的世界性宗教，君士坦丁無疑是最重要的推手。

有鑑於帝國幅員廣大難於治理，君士坦丁在博斯普魯斯海峽畔另建東都拜占庭城。西元三三〇年新都落成，便以君士坦丁自己的名字，將其命名為「君士坦丁堡」（今稱伊斯坦堡），羅馬帝國便擁有東、西兩個首都了。到了西元四世紀末葉，羅馬帝國正式分裂為東、西兩部分，永遠不再復合。由於日耳曼蠻族不斷侵擾西羅馬，導致西邊的勢力衰微；反倒是東邊君士坦丁堡的繁榮，竟在歷史上持續了千年之久。

君士坦丁可說是東羅馬帝國的開創者，當西羅馬帝國的政權在西元四七六年被終結時，東羅馬依舊屹立不搖，且成為東方的文明堡壘；首都君士坦丁堡不僅是交通樞紐，更是西羅馬學者避難遷徙之地。中古時期該城的居民人數高達百萬，而同時期的義大利威尼斯，人口只有二十萬。此外，今天我們在建築物牆面所看到的「馬賽克」，便是源自於東羅馬的獨創藝術——鑲嵌畫（mosaic）。

當時首都君士坦丁堡的鑲嵌畫栩栩如生，尤其是取自聖經故事的圖像，色彩鮮豔，造型生動，藝術價值更高。可惜君士坦丁堡在西元一四五三年被土耳其人攻占，無情的戰火，摧毀不少鑲嵌藝術中的珍貴作品，造成難以彌補的遺憾。

君士坦丁在西元三三七年去世，臨終之際，他正式受洗成為基督徒，沒有忘記他和上帝的約定。

中古社會（二）：東西方交流的開端

城堡生活不浪漫

主人成為「領主」，屬下則是「附庸」，這正是封建制度中最基本的組合。

「很久很久以前，在一座城堡裡，住著一位……」這幾乎是所有童話故事的開頭，接下來的情節，不外乎是：「國王和皇后有了小公主，而美麗的公主將來一定會遇見英俊的王子，即使過程驚險萬分，但最後王子絕對會化險為夷，破除所有的障礙，和公主舉行盛大的婚禮，兩人從此過著幸福快樂的日子。」這是所有故事的完美結局。而全國大臣和百姓也興高采烈的祝福他們，熱烈慶祝這美好的一天。

如此溫馨感人的畫面，像為世人圓了夢，道盡城堡生活的浪漫。其實，城堡貴族的生活和莊園裡其他百姓的處境，是截然不同的兩個世界。這是發生在西元第五世紀以後的歐洲，當時的羅馬帝國被日耳曼民族所滅，社會秩序大亂，烽火漫天，人民頓時失去了依靠，紛紛找上身為貴族的城堡主人求助。「閣下如果能讓我們進入城堡躲避戰火，我們願意向您宣誓效忠，提供任何服務。」一群人誠懇的求見。「嗯！我可以答應，不過，你們必須……」城堡的主人趾高氣昂的表示。於是，雙方形成簡單的主僕關係，成為盛行了數百年的「封建制度」。

簡單的需求關係經過時間的演變，逐漸成為一種約定俗成的政治慣例。因為戰爭不斷，燒殺搶掠，使原本安居樂業的各行各業都難以生存，最後不得不放下身段，委身成為地方貴族的隨從，對主人善盡各項勞役，其中最重要的一項，就是絕對的效忠；至於那些生活層級較低的農民，如今只好雙手奉上土地，成為替貴族耕種的「佃農」；而命運最悲慘的，則是歷經戰亂、流離失所的難民，他們無依無靠，在這個顛沛動盪的社會底層幾乎無法安身立命，於是他們成了供人驅使的「農奴」，連遷徙的自由都被剝奪，僅僅保有最基本圖個溫飽的生存權。

城堡的主人擁有廣闊的土地，如今又有這麼多人向他宣示效忠，他的權勢日益高漲，猶如獨立王國裡的國王。而且他只要盡到領導及保護大家安全的職責，就能取得眾人對他的尊敬；他還可以舉行隆重的「臣服禮」，把一小塊土地賜給有功的屬下，接受賞賜的人必須跪下，誠懇的向主人謝恩，於是，主人成為「領主」，屬下則是「附庸」，這正是封建制度中最基本的組合，領主儼然就是童話故事裡的國王。「日子這麼難過，還要隨領主出征，真是雪上加霜啊！」「效忠領主是我們的職責，出征也是為了維護周邊安全，我們責無旁貸；而且，萬一哪天領主不幸被敵人擄獲，大夥還得湊出一筆贖金把他救回來，那才真是雪上加霜呢！」從這名附庸和妻子的對話中，不難想見當時領主的地位有多麼崇高。領主甚至還有司法審判權，如果在他管轄的區域內發生了糾紛，他可以召開封建法庭展開審判，所以，沒有人敢得罪領主，以免遭到更悲慘的對待。

「其實，我們的日子已經算好了，你看看那些辛苦的農奴，除了讓領主恣意使喚之外，還要繳交各種稅金，看看他們所住的破農舍，你就懂得滿足了！」這位附庸語重心長的和妻子討論著生活瑣事。他說得沒錯，這個以城堡為中心的聚落「莊園」，面積有數千英畝，其中範圍最廣的當然是農田，農人每天忙於農事，還要義務性的為領主做修橋、鋪路、挖溝，或修繕城堡府邸的雜事，當領主家裡舉辦婚喪喜慶時，他們必須負責布置及善後，每天忙得不可開交，卻只能維持基本的溫飽。因為，還有一大堆的苛捐雜稅等著他們去繳交，例如：以人為單位的「人頭稅」，以戶為單位的「戶稅」，還有以飼養牲畜數量來計算的「財產稅」，一戶省吃儉用的農家想要豐衣足食，還真是不容易啊！

「今年的收成好，咱們得跟領主借糧倉。」「我家磨麵粉要向領主借磨坊。」「我釀了幾罈酒要借酒窖來儲存。」「這袋胡椒粒要借研磨器磨成粉。」「這些麵團要用大型的麵包烤爐。」林林總總的生活需求，都必須要向領主繳「設備使用費」，更離譜的是，當農奴的女兒要嫁到外地時，領主不僅不肯賞賜賀禮，反而逼新娘交出一筆「婚姻稅」。「哼！你害我損失人力，當然得有所補償。」甚至連農奴病逝時，還要來爭奪他僅有的幾頭家畜。「你以為死了就不必繳稅嗎？兒子繼承農舍，就得向我繳交遺產稅！」領主向破舊的農舍環顧了一眼，卻沒有收回他的命令。所以，「灰姑娘」或是「白雪公主」等等的童話故事裡，萬民歡呼、普天同慶的城堡婚禮，應該只是想像出來的浪漫。封建時代的莊園生活，即使是自給自足，但處處充滿著慘澹經營的艱辛，或許只有城堡主人全家，可以過著幸福快樂的日子吧！

隨著時間流逝，社會秩序穩定了，商業活動蓬勃興起，繁榮的經濟帶動城市的發展，「黑暗時代」逐漸遠離，民眾的生活才獲得改善，領主的權威似乎失去了光環，再也無法頤指氣使。

此外，中國遠傳到歐洲的火藥，改變了傳統的作戰方式，城堡變得不堪一擊，封建制度漸漸淹沒在歷史的洪流裡，只剩下繁華落盡後的一座座城堡，成為供人憑弔的世界文化遺產。

「聖戰」十字軍東征

教宗以上帝代言人的身分，呼籲信徒們參與一場收復耶路撒冷的「聖戰」。

平靜的農村迎接黎明前的曙光，卻不時傳來人們的哭嚎，婦女掩面哭泣，男人則是顫聲說道：「孩子當真沒救了嗎？」好幾家接連發生親人喪生的慘事，讓人不寒而慄。這是十一世紀的西歐，社會秩序敗壞，衛生條件惡劣，處處充斥著劫掠、戰爭、疾病。「黑死病」的傳染大量折損了人口，田園荒蕪十室九空，人們無助的仰望蒼天，似乎唯有祈禱才能帶來希望。

的確，絕望和驚恐催化了人們的宗教熱情。西元一〇〇〇年的第一天，教宗明確的宣布：「因為我們的虔誠，上帝顯現神蹟，世界末日將延後一百年。讓我們祈求上帝恩典，阿門！」所以，前往「聖地」耶路撒冷朝聖，是請求天父赦免，喜獲重生最積極的行動。

可是，新興的伊斯蘭教子民土耳其人，卻以凶惡的態度阻撓了朝聖活動。他們占領了前往耶路撒冷的道路，殘暴的對待朝聖者，這種現象讓歐洲人陷入極大的不安。「如果不去朝聖，就無法洗刷罪孽，得到上帝的寬恕，這該如何是好？」正當大家徬徨無助時，教宗挺身而出。

西元一〇九五年，教宗烏爾班二世在法國克萊蒙（Clermont），以上帝代言人的身分，呼籲信徒們參與一場收復耶路撒冷的「聖戰」，為人們帶來贖罪的機會；此時，除了教宗之外，誰能夠超脫世俗的力量為民祈福，誰又能跨越國界下達命令呢？於是，教宗儼然成為歐洲的統治者，無人膽敢不從。

飽受饑荒折磨，終生債務纏身的貧農、騎士、教士，甚至娼妓、盜賊，將近兩萬人之眾，懷抱著無限希望，衣衫襤褸的背起包袱，興匆匆的踉蹌上路。他們面黃肌瘦，弱不禁風，沿途陸續病倒，在到達聖地之前，便與土耳其人開戰，最後倖存者不及三千。

可是人們並不氣餒，次年又有來自法國、義大利等地的騎士隊伍，高舉著十字架進行大會師，成立了十萬之眾的「十字軍」。

十字軍與伊斯蘭教教眾進行激烈的血戰。這是西歐騎士第一次面對驍勇善戰的土耳其人。最後，土耳其人寡不敵眾而潰散，拜占庭帝國也因此收復了小亞細亞。緊接著，疲憊的十字軍奔波在熾熱的小亞細亞，他們缺水缺糧，戰士和馬匹蹣跚而行，最後倒斃在長途跋涉中。

兩年多漫長的行進，剩下不到兩萬人的十字軍，終於看見了聖地耶路撒冷，他們簇擁在一起哭喊，為苦難的結束而哭，卻也迎來更多的苦難。

就在十字軍進行禱告期間，後方的補給隊伍到達，大家激動的衝進耶路撒冷，進行長達七天的屠城。神聖的聖地頓時成了人間煉獄，數萬人遭到屠戮，婦孺不得倖免，倖存的人都被賣為奴隸。

十字軍自認為消滅了那些玷污上帝的人，他們高唱著聖詩聖歌，成立「耶路撒冷王國」，卻需要更強大的武力，維護這個宛如海中孤島的政權。

到了十二世紀末葉，兩軍之間的征戰已成意氣之爭。例如：英王「獅心查理」為了索討贖金未果，竟在伊斯蘭教首領薩拉丁面前，暴虐的處決了三千名俘虜，逼得薩拉丁也下令：「不要留下一個活口！」無數十字軍將士因此倒臥血泊，耶路撒冷又落入薩拉丁掌控。

在伊斯蘭教教徒眼中的十字軍，絕非為上帝而戰的聖戰士，他們殘暴、貪婪，是一場天降災難。直到十三世紀的法王路易九世，終其一生都在發動聖戰，人們東征的意念卻逐漸冷卻。這位每日睡前要誦讀《聖母經》五十遍的君王，最後也葬身在東征途中，此後再也無人高舉聖戰旗幟，無怨無悔的拋頭顱、灑熱血，長達兩百年的東征終於落幕。

十字軍東征的歷史定位究竟何在？軍事成就不彰，但促進東西文化交流與打通交通孔道，確實功不可沒。他們從東方引進了指南針，促使日後新航路、新大陸的發現。

歐洲人的審美觀也吹起了東方紅。男士留著落腮鬍，頭戴中亞式樣的圓帽，外套上釘著剛從中亞傳入的鈕釦；貴婦愛用開羅的化妝品與珠寶，以及拜占庭風格的華麗服飾，渾身散發著大馬士革玫瑰或波斯菊的香水味，都被視為是時髦的象徵。

也有人嘴裡嚼著杏仁糖，屋裡掛著波斯壁毯，廚房裡飄散著丁香、乾薑、胡椒等等香味，更是當時高檔生活的指標。

威尼斯從東方學會製造玻璃的技術，精美的工藝品讓歐洲人驚豔。因為需求，他們必須尋訪更便捷通往東方的道路，於是，大航海的時代來臨，東西方的歷史軌跡發展漸行漸遠，終於遙不可及……。

漫遊千里的馬可波羅

馬可的觀察力敏銳，當他走訪各地時，一面詳細記錄該地狀況，以便日後對大汗稟報。

「公主殿下，前方風雲變色，臣惟恐您受到驚擾，不如今日暫且歇馬，明天再行趕路。」馬可波羅（Marco Polo）向闊闊真公主稟報。此時是西元一二九二年，他奉了大汗忽必烈的使命，護送公主遠嫁到伊兒汗國，任務完成後，馬可波羅也將返回家鄉威尼斯，離開他生活了十七年的中國。

馬可波羅出生在西元一二五四年，家族世代經商，累積了一些財富，尤其是他的父親尼古拉波羅（Nicolo Polo），對於經商獨具慧眼，以買賣東方貨物致富。「俗話說物以稀為貴，古羅馬時代的絲綢和黃金等價，貴族爭相搶購，中盤商大賺特賺。所以不怕貨比貨，只要咱們的貨色好，就能海撈一筆。」尼古拉告訴弟弟馬特波羅（Mate Polo）。

尼古拉兄弟決定到東羅馬的首都拜占庭城來辦貨，千里路迢迢，艱辛乃意料之中。其實，這並非歐洲人第一次東來，西元一二四五年，羅馬教宗派了使節團向中國宣教，由蒲朗嘉賓（Plano Carpini）率領，行走了一年才到達庫倫，見到蒙古大汗貴由。

「各位遠來是客，大汗的賞賜豐盛，請大家盡情享用。」貴由下令款待使節團。但是，對於教宗的提議，要求蒙古出動大軍和教宗合作，對中亞的伊斯蘭教徒發動戰爭，貴由卻拒絕了。蒲朗嘉賓一行人在庫倫停留了四個月後西返，聯盟的任務雖未達成，卻見識到蒙古人馳騁大漠的豪情，他寫下自己的見聞，讓歐洲人對東方多了一分認識。

蒲朗嘉賓之後，又有宣教士的使節團來到庫倫，覲見了蒙哥。他們返鄉後也寫了遊記，大家對中國的風土人情有了更深入的了解。等到尼古拉兄弟出發時，蒙古大汗已換成忽必烈。尼古拉在東來的途中受阻於中亞一帶的戰爭，卻巧遇伊兒汗國派往中國的使者。「我奉命覲見忽必烈大汗，你我殊途同歸，不如我們結伴而行，一起前往大都（北京）。」

尼古拉兄弟在一二六六年到達大都，忽必烈從他們口中得知歐洲的事物，顯得興趣盎然，經常和他倆促膝長談。「朕心領教宗美意，也歡迎宣教士前來中國。」忽必烈把信交給尼古拉，命令他呈交教宗，增加東西雙方的交流。

為了達成此一任務，尼古拉兄弟耗費三年多的時間，才又重回中國。這期間尼古拉經歷了教宗離世，新任教宗繼位，以及路上種種艱難困阻，好在他終於拿到教宗給忽必烈的回函；但是當他回到家鄉時，才得知妻子已經病逝，留下十七歲的兒子馬可波羅。

「孩子，跟我到中國去拓展視野吧！」「這一路走來辛苦異常，你可先要有心理準備。」「爸爸、叔叔，你們放心，男兒志在四方，我何懼之有？」馬可波羅開始積極規劃，踏上前往東方之路。西元一二七四年，馬可波羅終於見到忽必烈，也成為大汗禁衛軍中的一員。

馬可波羅機智聰敏，很快便學會蒙古語和漢語，因此受到忽必烈的重用，讓他出任官職，還以特使的身分出訪緬甸、高麗等國，朝廷裡的官員都尊稱他為「馬可大人」。

馬可的觀察力敏銳，處事有條不紊，當他走訪各地時，一面經營貿易積攢財富，一面詳細記錄該地狀況，以便日後對大汗稟報。忽必烈肯定他的才華，馬可也獲得名利雙收的成就。

到了西元一二九二年，馬可和父親以及叔叔為了護送闊闊真公主，才從泉州出海離開中國。兩年多後公主平安到達伊兒汗國，馬可圓滿的完成任務，一行人踏上歸途，在一二九五年年底返抵威尼斯。

四十一歲的馬可波羅久經歷練，比同齡的人多了智慧，也添了幾許滄桑，他是威尼斯著名的富豪，人稱「馬可百萬」。馬可波羅成為傳奇性的人物，從此跨足政壇發展，期許自己再創奇蹟。

不過，領軍作戰和投資理財大相逕庭，馬可波羅所領導的海軍戰敗，他和夥伴成為熱那亞的戰俘，一起被關入大牢。「你們聽我說，這中國的大都城……」馬可和眾人閒來無事時，便侃侃而談他在東方的經歷，東方的風情被他說得栩栩如生，處處引人入勝，連獄卒和守衛都聽得津津有味。

馬可雖然身陷囹圄，他的故事卻在熱那亞流傳開來，市街之上都知道有這麼一號人物，雖屬敵軍卻是家喻戶曉。「這麼精彩的事蹟何不用筆記錄下來呢？」一個出身比薩的作家魯蒂謙（Rustichello）每天聆聽馬可說故事，而有了寫故事的動機，這便是一二九八年在監獄裡統整編輯的《東方見聞錄》（又名《馬可波羅遊記》）。

《東方見聞錄》共分為八個單元，從序言的出發概述，橫越西亞到中亞、中國西北的邊陲、可汗忽必烈的宮廷記事、雲南地區的出使、福建之旅、歸國之路到蒙古帝國大事記，把馬可波羅自己的親身經歷，以及間接聽聞的事都記錄下來，立刻引起極大的迴響。

《東方見聞錄》的內容令人嘆為觀止，以至於許多人根本是難以置信，甚至懷疑馬可波羅究竟有沒有到中國，在忽必烈的宮廷裡任職？還是一切皆出自於他的想像杜撰？「如果他在中國遊歷了這麼多地方，為何不見書中提到纏足這種特殊的風俗呢？」「中國人的飲食習慣是使用筷子，書中也沒提到這一點。」一直到近代，歷史學者依然在為《東方見聞錄》的真偽爭辯不休。但可以肯定的是，書中所描述中國的富裕程度實在太吸引人了，也有許多學者不僅抱持相信的態度，甚至大膽的假設，因為《東方見聞錄》所散發的魅力，吸引了歐洲人東來的勇氣，間接促使十五世紀的地理大發現，開啟大航海時代的來臨，也使得人類歷史進入到另一個嶄新的階段。

中古社會（一）：東西方交流的開端

玫瑰純露的祕密

正因為精油得之不易，不僅把精油當成是保養聖品，還喜歡用來營造氣氛。

化妝品專櫃裡琳瑯滿目的保養品，無不強調其特性是可以讓人青春永駐；再瞧瞧每個品牌的代言人，不外乎明星和名模，她們都擁有晶瑩剔透的肌膚，看來這瓶瓶罐罐中的液體，還真有幾分功效呢！

歷史上使用保養品最有名的例子，是十四世紀時的波蘭公主伊莉莎白，她以精心調製的玫瑰純露保養肌膚，讓她即使邁入了五十歲的中年大關，看起來仍然像二十出頭的少女一樣，容顏嬌媚動人，絲毫不顯老態。

讓伊莉莎白年輕了二十多歲的祕密武器，就是珍貴的玫瑰純露，當時也有人稱之為「花水」或「晶露」，原名則是「Flower Water」。純露的萃取十分困難，例如：伊莉莎白所鍾愛的配方，必須要以一百九十九朵產自於大馬士革的玫瑰，搭配波蘭當地的香橙花，經過繁複的蒸餾過程，才能得到純天然的玫瑰純露。

玫瑰純露的香氣清新誘人，具有溫和收斂毛細孔，平衡肌膚酸鹼值的功效。長期使用之後，肌膚吸收純露保濕滋潤的效果，更顯得明亮光澤又有彈性。難怪伊莉莎白公主一直是社交界的名媛，即使成為匈牙利皇后，身旁依舊圍繞著眾多仰慕者，她的美麗果真是名不虛傳啊！

大馬士革玫瑰的花瓣色澤鮮豔，香氣濃郁，搭配橙花的淡淡甜香，所製成的純露還具有舒緩心情、助眠安睡的神奇功效。伊莉莎白公主或許不曾研究醫學，但她一定明白，充足睡眠，可以讓人容光煥發，丰姿倍增光采，當然也就不會產生膚色黯沉、皺紋橫生這些惱人的事了。

珍貴的純露究竟如何釀製呢？答案是花草的蒸餾過程。根據歷史的記載，歐洲在西元十世紀的時候，蒸餾技術就已經很純熟了，使用的器具也十分講究，兩百多年之後，人們對於不同的香味已經有所挑剔，法國首先出現了「調香師」這個行業，貴族婦女爭相塗抹不同香味的純露，讓自己更有魅力。

至於蒸餾的技術究竟源起於何時何地，目前還缺乏有利的佐證。科學家原本以為西亞的波斯和阿拉伯地區，可能是蒸餾技術的創始者，因為西亞是人類四大古文明的發源地之一，文化成就斐然。但是考古學家在義大利半島的羅馬廢墟中，也挖掘到用之於蒸餾的器皿；而另一個古文明發源地埃及，則是把香料更廣泛的運用在宗教儀式及喪禮中。距今五千多年前的法老王墓塚中，放置著儲存香膏的容器，雖不一定是蒸餾所得，但至少證明他們是講究聞香的民族。

蒸餾花草植物的做法說來簡單，卻行之不易。基本的蒸餾方式有兩種：一種是「直接蒸餾法」，就是將植物直接放在水中加熱；另一種是「蒸氣蒸餾法」，是將植物置放在濾網上，加熱網架下方的水，使水蒸氣透過植物組織而進行蒸餾。

蒸餾的理論在於破壞植物的細胞，因為細胞壁遇熱會導致破裂，便可釋放植物細胞中儲存的精質，精質和水蒸氣一起經過冷卻，精質會凝結成精油，水蒸氣則復原成為水。又因精油的重量比水輕，此時，便可以與水分離而加以收集，這便是「精油」，也被稱為「純露」。不過，兩種蒸餾法進行後的所得都非常稀少，如：一百公斤的玫瑰花花瓣，不論使用哪一種蒸餾法，都只能收集到三公克的玫瑰精油，可見純天然的精油是多麼珍貴啊！

正因為精油得之不易，自古以來，人們都喜歡香氣，有錢有地位的人，不僅把精油當成是保養聖品，還喜歡用來營造氣氛。例如：上古時代的羅馬人，將精油滴在白鴿的翅膀上，再讓白鴿穿梭室內自由飛翔，於是四處便能瀰漫著芳香，讓人精神為之一振，這大概是人類最早發明的室內芳香劑了。而地跨歐、亞、非三洲的古波斯帝國，則是將各地朝貢而來的植物精油進獻皇宮，作為皇室的保養品。

所以，波斯的國王和皇后，大概是全國最香噴噴的兩個人了。

而中國則是從商朝（距今約三千年）開始，就有使用香料的記載；不過，商朝人並非將香料用在保養，而是在宗教祭典進行時焚香祝禱與天神溝通，因為香氣可使人心靈沉澱、驅逐雜念，好與神明相通。這種看法頗與今日雷同，足見祖先智慧的高明。

使用精油不論是否真能讓人青春永駐，已經不是消費者選購的唯一理由，精油的香氣確實令人心情舒暢，旁人也聞之欣喜；只不過，處處標榜純天然製造的精油，會不會摻雜了化學藥劑和人工添加物，倒是購買時更需留意的要點了。

文藝復興巨匠

米開朗基羅

他和達文西、拉斐爾並稱是「文藝復興的藝術三傑」。

「長官，想要一睹大衛風采的人太多了，這尊雕像該安放何處呢？」「那就成立一個委員會，聘請官員、藝術家和社會名流共同討論吧！」於是，包括達文西（Leonardo da Vinci）等名人皆被禮聘，眾人決定將高四點三公尺的大衛像，置於佛羅倫斯市府廣場。此後參觀者絡繹不絕，而雕像的作者，是年僅二十七歲的米開朗基羅。

米開朗基羅（Michelangelo）在西元一四七五年，出生於佛羅倫斯附近的一個小鎮，父親是行政官員，還剩下半年任期。之後舉家遷往佛羅倫斯城，途中米開朗基羅的母親不慎墜馬重傷，便把孩子送到乳母家撫養。乳母的丈夫是個鑿石工匠，住家臨近大理石礦場，米開朗基羅回憶兒時生活：「我是在鑿子和槌子的叮咚聲響裡長大的。」

米開朗基羅是家中次子，十歲進入學校就讀，他對課本興趣缺缺，反倒喜歡隨興塗鴉，甚至溜達到校外找尋靈感。父親認為畫畫並不能夠成就大事，但是他尊重孩子的興趣，把米開朗基羅送到畫家奇蘭達（Donenico Ghirlandago）的門下學習。奇蘭達很快便發現米開朗基羅的天分，而將他推薦給望族麥第奇家族，開啟雕刻方面的磨練。

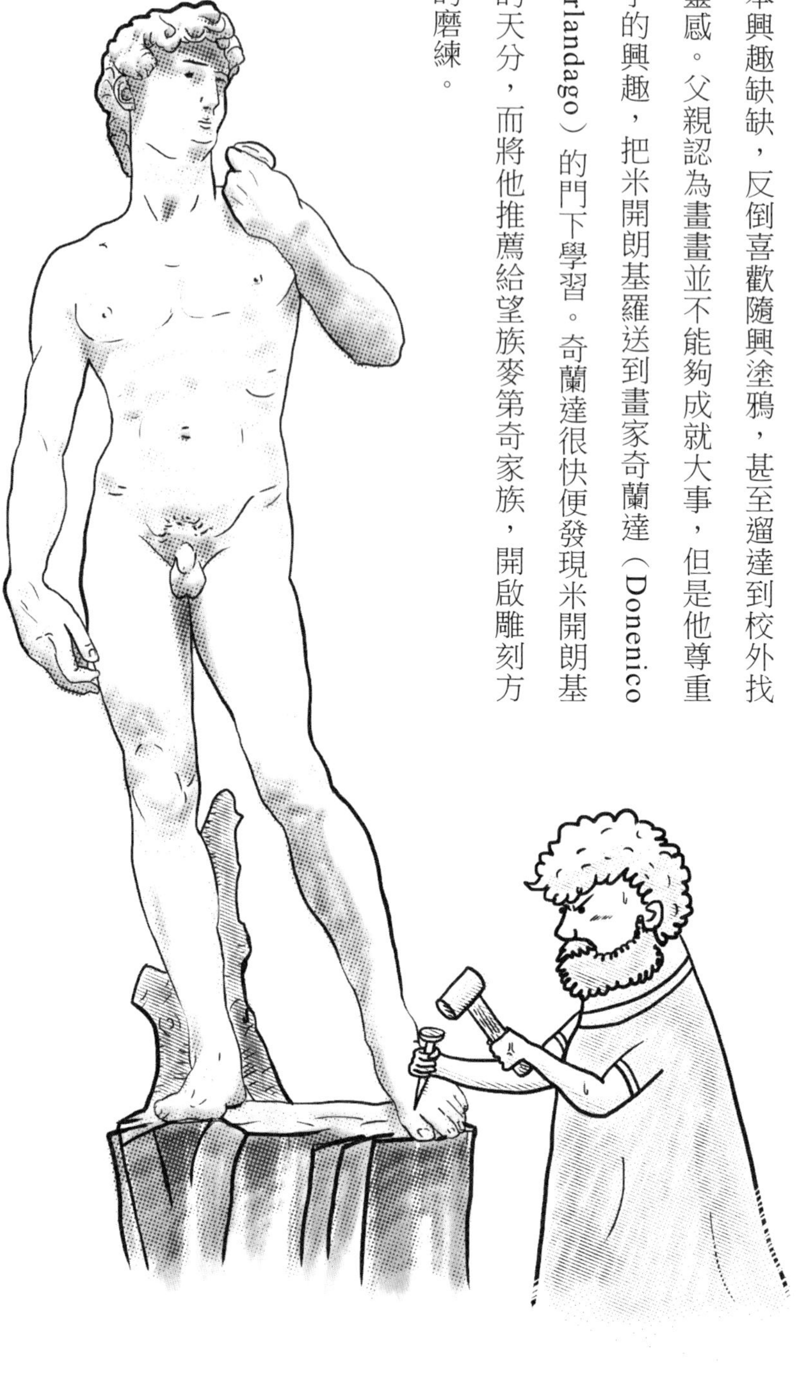

年輕的米開朗基羅胸懷激盪的熱情，腦海中有澎湃的創意，為了深入了解人體結構和肌理線條，他摸黑溜進修道院的附設醫院，在太平間從事解剖研究，這在當時是被禁止的舉動，米開朗基羅膽大心細，對往後從事人體雕塑，確實大有助益。

米開朗基羅二十三歲時，蒙受法國派駐教廷樞機主教之請，以上等的大理石石材，雕出「聖母哀悼基督」的雙人雕像。或許是因為他年幼喪母，所以，他在聖母哀戚的神情中，另注入莊矜慈愛的光芒，讓觀者無不動容，從此奠定了他在藝壇的地位。

米開朗基羅接著又獲得羅馬教宗朱利葉斯二世（Julias II）之邀，為教宗設計包含四十座巨大雕像圍繞的陵墓；可是，盛名之累讓米開朗基羅受人算計，建築師布拉曼提（Bramante）不斷惡意中傷，朱利葉斯二世突然終止對米開朗基羅的聘僱。「也罷，離開這是非之地，返鄉便是！」

米開朗基羅在家鄉和兄弟們團聚，兩年後，教宗遣人來訪：「大師，羅馬需要你。」

米開朗基羅重返教廷，才發現接下來的任務更具挑戰，那就是為西斯廷教堂的頂篷作畫。「繪畫並非我的專長。」「大師客氣了，既擅雕刻，繪畫何難之有呢？」教宗對米開朗基羅的作品充滿期待。

米開朗基羅把數千平方米的頂篷設計成三部分：世界的起源、人類的誕生及墮落，以及諾亞的故事。每天他必須爬上鷹架作畫，有時還得遷就建築物的角度而躬身或屈臥，實在是辛苦異常。令人氣餒的是，他並不滿意自己的初稿。

「怎麼越畫越不順手。」米開朗基羅心情鬱悶。一日傍晚，他信步走進一家酒館小酌。酒館裡高朋滿座，氣氛熱絡，大夥兒正等著老闆打開一桶剛釀好的葡萄酒。「來！乾杯。」紅葡萄酒斟滿了一杯又一杯；不過，美酒才一入口，就有人大喊：「老闆，這酒變味了啦！」「是呀，味道酸了，這怎麼喝啊！」

酒館老闆不由分說便把整桶酒給倒了，還頻頻致歉說道：「不好的東西又何必留著呢！」這句話像是五雷轟頂一般，刺激著米開朗基羅，他決定毀棄西斯廷教堂既有的頂篷畫而重來！

「胡扯，那得等多久才能畫完啊！」教宗勃然大怒。米開朗基羅憤而出走，四處逃躲教宗的追捕，只因為不甘心去完成一幅連自己都不滿意的作品。

米開朗基羅經常餐風露宿。有一晚，他躲在山洞裡，次日清晨被耀眼的陽光所驚醒，當他瞇著雙眼遙望雲端光芒時，忽然有了靈感。「啊！這彩影正像是世紀的初創。」於是他重回繪畫現場，終於在一五一二年，完成了「創世紀」這幅宏偉的頂篷壁畫。

「創世紀」中有三百四十三個人物，米開朗基羅以複雜的空間及色彩，表現出令人震撼的效果，觀賞者讚嘆不絕，連攻擊他的布拉曼提和名家拉斐爾（Raffaello Sanzio），都真誠的稱呼他為「藝術之神」，米開朗基羅此時還不滿四十歲。

四個月後，新任教宗利奧十世（Leo X）上任，他只信任拉斐爾，米開朗基羅黯然離開羅馬。此後的二十多年間，他不再從事壁畫的繪製，直到他年過六十了，在教宗保羅三世（Paul III）的盛情邀約下，他才重返羅馬，答應延續壁畫「創世紀」的下緣到牆面，這就是米開朗基羅的另一鉅作——「最後的審判」。米開朗基羅六十六歲時完成「最後的審判」，被視為是巴洛克風格的基礎，他和達文西、拉斐爾並稱是「文藝復興的藝術三傑」。

米開朗基羅潛心於雕刻及繪畫，在建築和詩文創作上也表現不凡，但他對生活細節從不講究，自稱是「頭顱壓在肩上，油彩抹在鬚上」的邋遢男子。他終生未婚，早期和男性友人交往甚密，而被疑為有同性戀的傾向；晚年他結識寡居的公爵夫人維多利亞（Vittoria Colonna），深受其信仰虔誠的感化，更堅定了米開朗基羅對耶穌基督的仰望，所以他在七十一歲時，接下聖彼得大教堂建築工程師一職，而且是純然奉獻，不支領分文報酬，不過他的體力已大不如前，卻依舊熱中於工作。一五六四年，他以八十八歲的高齡去世，坦然說道：「我的靈魂歸神，身體歸大地，財產歸親屬。」他的作品永垂不朽，在藝壇綻放光芒。

「君權至上」——馬基維利

站在為國家謀富強的立場上強化君權，絕非將個人的獨裁貪慾合理化。

「君主如果能嶔崎磊落，不玩弄權術，最是難能可貴；但是，不擇手段、罔顧信義的君主，更能成就大業。」「為了統治人民，維護國家利益，君主不得不背棄信義，拋開慈悲之心，有時甚至得喪失人性。」以上是文藝復興時期，義大利學者馬基維利（Machiarelli Niccolo）的理論。他的名言便是：「為達目的，一切不合理的手段都可以神聖化。」

相信古今中外的專制帝王，對於這番說辭都會大為讚賞。所以，據說近、現代備受批評的統治者希特勒、墨索里尼、毛澤東、馬可仕等人，都深受馬基維利的影響。同時，英國的文豪莎士比亞稱他是：「凶殘的馬基維利。」哲學家法蘭西斯培根則是語帶鄙夷的說：「馬基維利寫出了過去以來人們所做的事，但令人厭惡的是，這些都不是正常人該做的。」

馬基維利似乎把極權統治給合理化了，讓這些獨裁者有了冠冕堂皇的理由。他是在教唆統治者玩弄權術、操控百姓嗎？還是想要培養出一個務實的統治者？他是絕對的支持專制獨裁嗎？還是另外寓有深意？馬基維利始終讓世人為他爭論不休。

馬基維利於西元一四六九年出生在義大利的佛羅倫斯，父親是一名律師，重視孩子的教育，馬基維利自幼跟隨家教老師學習拉丁文、歷史和哲學，他的興趣廣泛，自修範圍涵蓋文學、歷史、哲學和軍事，也能撰寫劇本，堪稱多才多藝，並培養出務實的精神。在他幼小的心靈，已經萌生凡事求人不如求己的概念。「那麼，如果身為至高無上的國君，就更該揚威四海，萬眾歸心了。」

馬基維利二十九歲開始出任公職，雖然收入不多，但是頗受上司賞識，不僅擔任國家安全戰略的機要祕書，還蒙受國防外交委員會主席的重用，多次派他到歐洲各國出訪。

可是，此時的義大利局勢不能和昔日的羅馬相比，帝國的光環不再，境內邦國林立，分崩離析，內戰頻仍，還有更嚴重的政教衝突。馬基維利出身望族，在境內或許還能受到尊重，但是當他以外交人員的身分，到歐洲其他地區訪問時，可就飽嘗了人情冷暖，竟是滿腹委屈無人訴。

「這些政客的嘴臉全都一個樣，都是勢利眼；別看他們外表文質彬彬，其實是一肚子奸詐，說一套做一套。唉！弱國無外交，小國寡民又能如何？」馬基維利盼望著國家強盛，卻是力不從心。

當他在一五〇〇年出使法國時，當時是法蘭西斯一世在任，馬基維利見識到一個專制君王的威風凜凜。「王權的集中可以締造出國家盛世，例如：籌建高等學府，敦聘舉世知名的學者，充實宮廷典藏，使巴黎成為人文薈萃的花都，這種萬邦來朝的氣勢，多麼令人稱羨啊！」馬基維利對法蘭西斯一世由衷的欽佩，大力推崇國君當以權術駕馭人民的觀念。

馬基維利並非純粹的理論派，他也能領軍作戰。當時統治佛羅倫斯的是麥第奇家族，其成員貪腐無能，至於其他的城邦，則是遭到法國、西班牙、神聖羅馬帝國的操控，而勢力最龐大的，還有神聖不可侵犯的教宗。

為了增強戰鬥力，馬基維利主張建立國民軍團，並且革除過去軍紀敗壞的弊端。日後麥第奇家族垮台，佛羅倫斯共和國果真成立了國民軍，馬基維利還親自率軍出征，在比薩之役中大獲全勝。

這是馬基維利最為意氣飛揚的時期，時為一五〇九年。三年後，馬基維利前往比薩，這個曾經降服於佛羅倫斯的城邦，竟讓馬基維利遭受重挫。

沉寂了好一陣子的麥第奇家族東山再起，結合了教宗尤里烏斯二世（Giuliano della Rovere）的勢力，麥第奇家族重新執掌了佛羅倫斯的治權，馬基維利所效忠的共和國隨之瓦解，他背負了叛變的罪名，成為階下囚，飽受酷刑折磨。

馬基維利在獄中苦思，仍然不改初衷，把義大利的統一看成是終極目標。他後來雖然獲釋，但也失去了一切，直到十年以後，才得到新任教宗的起用，負責執筆編寫《佛羅倫斯歷史》。

馬基維利自認為懷抱著愛國熱忱，卻總在宦海中沉浮不定，生活困窘的摧殘讓他更為偏執，他在《佛羅倫斯歷史》書中寫著：「誰能以最精明的方式傷害別人，讓自己獲得最舒適的生活，最高級的享受，誰就是最聰明的人。」數年後他抑鬱以終，年僅五十八歲，時為一五二七年。

馬基維利飽嚐亂世艱辛，他希望藉由至高無上的君權，營建出一個國強民富的境界。如果認為他的著作《君王論》只是一種「為達目的而不擇手段」的理論，那就嚴重的誤會馬基維利了，因為他強調的是國家利益而非個人私利。馬基維利認為只要是目的正當，某些時候甚至可以背信棄義，罔顧道德規範。例如：他特別指出，國家的強盛、社會的繁榮、疆域的遼闊是正當目的；而個人榮華富貴的追求，則不配稱之為正當目的。

此外，馬基維利被稱為是個無神論者，他不像一般人對上帝堅定的信仰，卻又始終強調教育的重要。他認為不擇手段的追求個人私利和玩弄權術，是自私卑劣的行徑，也是社會整體的沉淪。馬基維利基於實用的原則，站在為國家謀富強的立場上強化君權，絕非將個人的獨裁貪慾合理化。儘管《君王論》一書在馬基維利死後五年才得以出版，大家也一直為他是「陰狠狡詐的投機政客」或「高瞻遠矚的政治家」的定位而爭執不下，但可以肯定的是，如果有些政治人物，喜歡用「馬基維利主義」來遮掩自己貪贓枉法的醜態，這絕對不是馬基維利的初衷。

千里之外的麥哲倫

他最後客死異鄉，未能完成使命；依然名留青史，成就了大航海時代最光輝的一頁。

揚帆遠航！這是麥哲倫（Fernando de Magallanes）自小以來的夢想。他喜歡一個人站在海濱，靜靜的聆聽大海波濤，呼吸海水的腥鹹，接受海風的撫慰，再思索人類一個未解之迷：「哥倫布發現新大陸、達伽馬開闢新航路；但我深信，還有另一條通往東方的途徑，那將是一次前所未有的環球航行。」

湛藍的海洋，召喚著雄心萬丈的探險家；殖民地無盡的財富，誘惑著貪婪的當政者。西元十五、十六世紀，正是歐洲地理大發現的高峰期，許多國家致力於航海事業。所以，幾乎每天都有新的進展，每個月都要更新地圖。而期間歷時最久的遠航，也是最具風險和波折的一次，就是麥哲倫所領導，最悲壯的環球之旅。雖然他最後客死異鄉，未能完成使命；繞行地球一周的偉業，最後由同行的夥伴畫上句點，但麥哲倫依然名留青史，成就了大航海時代最光輝的一頁。

西元一四八〇年出生的麥哲倫，來自一個騎士家庭，十六歲進入葡萄牙國家航海事務廳服務，之後在印度及東南亞服役，並參與非洲的殖民戰爭。他自認為閱歷充足，理念周全，並堅信「地圓說」，便向政府提出遠航計畫，卻遭到葡萄牙國王的拒絕：「前人的足跡已經十分明確了，而你所提新方向的路徑，在我看來卻是機會渺茫。」

麥哲倫無奈的離開家鄉葡萄牙，來到鄰國西班牙。幸運的是，西班牙國王查理五世，看到麥哲倫呈上自製精美的地球儀之後，立即答應他的請求，並給予必須的物資援助，讓麥哲倫的計畫得以重振雄風。

一五一九年九月二十日，在西班牙塞維爾（Seville）外港，壯志待酬的麥哲倫率領著一支由五艘海船、二百三十四人所組成的遠航船隊，鬥志昂揚的張帆出發，駛入浩瀚無垠的大西洋，開始人類有史以來第一次環球航行。

船隊持續在大西洋前行，尋找傳說中通往另一片大洋的海峽。七十天後，船隊到達巴西。這一段路徑是沿著前輩們的足跡行進，一切尚稱安全平穩，風險波折不多。但是，幾個月的海上漂泊，還是讓船員們感到寂寞難耐，滋生了不滿的情緒。尤其是在位於南緯四十度的阿根廷南部，更讓水手們體會到遠航的艱苦卓絕。那裡的氣候嚴寒惡劣，驚濤駭浪連綿不斷。連續幾個月，在麥哲倫的帶領下，船員們勉強提振士氣，尋找通往太平洋的海峽，最後卻是無功而返。

失望很快變成了無助，無助又增長了恐懼。船員們逐漸喪失信心，彼此謠傳紛紛，整個船隊陷入絕境。更糟的是，船隊中的一個船長帶頭叛亂，以武力相脅要求返航。麥哲倫只得以過人的膽識，向大家信心喊話：「兄弟們，在上帝的考驗下，我們已經到了此處，難道要放棄嗎？莫非返航可以確定是一帆風順？如今，我們別無選擇，只能前進無法回頭！」

幾經磨難，一五二〇年十月二十一日，在南緯五十二度的海域，船隊終於找到穿越南美洲大陸的海峽。這個海峽像迷宮一樣迂迴曲折、溝壑縱橫，以致於在航行途中，一艘船因為觸礁而沉沒，另一艘船則是禁不住湍急的巨浪衝擊，掉頭駛回西班牙。麥哲倫憑著高超的航海技術，帶領所餘的三艘船，經過二十八天的艱苦探索，終於走出了海峽隘口，通過這條險惡的通道。後人便以他的名字命名為「麥哲倫海峽（Strait of Magellan）」。這是環球航行的關鍵性突破，也為日後的成功奠定了基礎。

新的希望燃起，疲憊不堪的探險隊，滿懷喜悅的進入風平浪靜的新海域。然而，前景並非想像中樂觀。雖然這裡的氣候和航道不似先前般險惡，但航程卻是漫長無比，長達三個月不見陸地。「我知道，大家缺乏飲水和新鮮食物，這是上帝給我們的試煉。」麥哲倫不斷的鼓勵眾人。

不多久，船上所帶的糧食和清水全都消耗殆盡。到了最後，船員們飢不擇食，把那些發霉的、腐壞的，甚至還摻雜著老鼠屎的食物都吃光了。最後連船艙裡的老鼠都被捕光吃盡。最後的結果是，水手們幾乎都患了敗血症，先後有二十九人死亡。麥哲倫也多次昏厥，奄奄一息。此時，麥哲倫的目光茫然，體力虛弱，面對茫茫大海，他依然堅持著：「即使把船上所有包裝用的牛皮全都啃光，我們還是要前進！」

一五二一年三月六日，艱苦的航行終於有了結果，一名水手看見海岸，失聲尖叫：「海鳥飛來了！陸地出現了！」很快的，他們在關島登陸，數月以來第一次嘗到新鮮食物。該年四月初，麥哲倫一行人到了菲律賓群島的宿霧，他率領船隊在各島之間航行考察，同時傳播上帝福音。「回想起來，我們還是蒙獲上帝恩寵。雖然物資匱乏，這一路行來，卻是風調雨順而無耽擱，就讓我們把這一大片海域，命名為『太平洋』吧！」於是，亞洲和美洲之間的太平洋之名，便由此確立了。

不幸的是，麥哲倫捲入當地原住民之間的衝突。一五二一年四月二十七日，他在戰鬥中不幸被殺，年僅四十一歲。

麥哲倫死後，他的助手帶領著僅剩的一艘船，和十八名船員返航，在一五二二年九月回到西班牙，完成人類有史以來第一次的環球之旅，也成就了麥哲倫悲涼的壯志。

情海浮沉的亨利八世

五人之中究竟是誰得到他的真愛？亨利八世自己也覺得茫然。

勉強拖著肥胖笨重的身軀，亨利八世從臥室移駕到會客廳，接受幾名大臣的問安，也傾聽一些政務報告。皇后凱薩琳・帕爾（Catherine Parr）在一旁謹慎的服侍，不時的為亨利八世拭汗、奉茶，溫柔婉約的態度，讓在場者無不動容。

凱薩琳是英國國王亨利八世的第六任皇后，嫁入宮廷之前已經寡居了兩次，可是國王毫不嫌棄。因為，五十多歲的國王渾身病痛，他需要妻子細心的呵護，而不是擺出皇后的威儀。凱薩琳知書達禮，個性恬靜淡泊，正是國王最佳的精神慰藉。

亨利八世年輕的時候，一百八十三公分的身高，增添他瀟灑挺拔的風度。他精通音律，會演奏多種樂器，談吐風趣詼諧，但對政治並不熱衷，因為他從不認為自己會承繼王位。西元一五〇二年兄長亞瑟（Arthur）驟逝，把亨利推向國王的寶座，也開始他波折不斷的婚姻之路。

都鐸（Tudor）王朝的國王亨利七世基於政治考量，安排自己的長子亞瑟，和西班牙公主喀德琳（Catherine of Aragon）結婚。本以為王子和公主從此過著幸福快樂的日子，不料一五〇一年婚禮後的半年，亞瑟因病去世。年僅十七歲的喀德琳守了寡，並未誕育子嗣，便在雙方家長的安排下，接受了命運的擺布。「西班牙和英國聯盟的關係不得中斷，你必須嫁給亞瑟的弟弟亨利。」

嫁給比自己年輕六歲的小叔？喀德琳和亨利八世縱使百般不願，卻依照協議在一五〇九年結了婚，亨利八世也登上國王的寶座。

喀德琳生性嚴謹，不苟言笑，和亨利八世的活潑熱情大相逕庭，他們廝守了二十四個年頭，生養了六名子女，可惜大都早夭，只剩下唯一存活的瑪麗公主。

「聖上尚無皇嗣，這王位的承繼……」「皇后體弱多病，還能為皇室生兒育女嗎？」大臣們的顧慮並非空穴來風，亨利八世自己也是憂心忡忡。此時皇后的容貌不復當年，頗有人老珠黃的遺憾；可

是，正值壯年的亨利八世卻是英姿颯爽，他開始拈花惹草，看上皇后宮裡的侍女安妮・寶琳（Anne Boleyn）。

安妮嫵媚多情，讓國王魂牽夢繫。不過，亨利八世的內心憂喜參半，喜的是日後或許可以喜獲麟兒，憂的是又該如何處理皇后呢？

「陛下若要離婚，必須向羅馬教廷提出申請，教宗這一關恐不易過。」「皇后並未失德，皇后的侄兒是當今神聖羅馬帝國兼西班牙的國王查理五世，他一定力挺皇后，此後將是國際紛爭不斷。」大臣一言一語的勸說。「你們都退下，別再爭論不休，朕自有定奪！」亨利八世心意已決。

不出大臣們所料，亨利八世以當年未依照個人意願為由提出離婚訴訟，果然引起軒然大波，教廷將此案擱置了六年，亨利八世和查理五世不歡而散，最後他決定脫離教廷，自創「英國國教派」，成為十六世紀宗教改革史上的大事。

亨利八世在一五三三年和安妮祕密結了婚，四個月後把喀德琳逐出皇宮，半年後安妮生產，可惜是位公主——伊莉莎白。

喀德琳回到娘家後抑鬱以終，長公主瑪麗同情母親的遭遇，憎恨父親的無情，更把一腔怒火轉嫁到妹妹伊莉莎白的身上。安妮因為生女而失寵，亨利八世將她以通姦的罪名判處死刑，死時年僅三十四歲。

求子心切的亨利八世，又把目標放在安妮身邊的宮女珍・西摩爾（Jane Seymour）。安妮死後兩週，國王就娶了新皇后。

珍・西摩爾終於為亨利八世生下兒子——愛德華王子。可是她得了產後併發症，不到一個月就香消玉殞，亨利八世傷心欲絕，一時間以兒子為重，不急著再行婚配。

此時法國與西班牙結為盟邦，對英國形成嚴重的威脅，亨利八世為了國家利益，再度把自己的婚姻當成籌碼，迎娶了德國公主安妮・克麗芙（Anne Cleves）。

「簡直是個醜八怪！」亨利八世對安妮厭惡已極，兩人水火不容，不到半年便離了婚，這已經是亨利八世的第四次婚姻了。

亨利八世習以外貌取人，他又看上安妮身邊的女侍凱薩琳・霍華德（Catherine Howard）。「聖上離婚不過兩週，新皇后又進了門，宮裡可有熱鬧了。」國王這種視婚姻為兒戲的態度，反倒成了大家茶餘飯後的話題。

風姿綽約的凱薩琳讓國王意亂情迷；不過，年近五十的國王病痛纏身，他經常頭痛，身心備受折磨，使得脾氣變得暴躁易怒，而且他的體重過重，連上下樓梯都有困難，後來乾脆用大型的吊掛車將他抬上抬下，導致他在極度缺乏運動的狀況下，雙腿浮腫潰爛，更加不良於行。

喜怒無常的亨利八世開始懷疑凱薩琳。「陛下，臣妾忠心的侍奉您，怎敢嫌棄？」凱薩琳委屈的哭訴。她經常被國王責罵，只因為她美麗活潑，反而招致國王的猜疑。婚後兩年，亨利八世以不貞、背叛的罪名將她處死，凱薩琳被強拖上斷頭台的時候，正值二十一歲的青春年華。

失去第五任妻子的亨利八世，頓時感到空虛無助，回憶這三十年的婚姻，除了第一任皇后和他共度二十多年，其他的都是聚散無常，五人之中究竟是誰得到他的真愛？亨利八世自己也覺得茫然。此刻他最需要妻子的照顧陪伴，於是他又迎娶了凱薩琳・帕爾，終於平靜度過人生中最後的五年。

亨利八世在一五四七年去世，九歲的愛德華六世登基，六年後病逝。長姊瑪麗公主繼位，她冷酷嗜殺，被稱為「血腥瑪麗」，五年後也因病去世，只有四十二歲。此時王位轉由亨利八世和宮女安妮・寶琳所生的女兒伊莉莎白一世承繼，她在位四十五年，勵精圖治，將都鐸王朝的輝煌推向頂峰，也為大英帝國的強盛奠定了基石。

宗教改革 喀爾文

正因為精油得之不易，不僅把精油當成是保養聖品，還喜歡用來營造氣氛。

隨著悠揚的鐘聲響起，居民們一如往常，魚貫的走進教堂做禮拜，這可是他們生活裡的大事，虔誠的朗讀《聖經》、祈禱告解，彷彿是生命裡不可或缺的一環；不過，當講壇的教士們帶領大家頌讀讚美詩時，有些人忍不住用眼角的餘光互瞄一眼，似乎是心照不宣的說道：「你可知道這些教士們私下所做的好事？」

從西元一世紀基督教創教以來，曾經經歷羅馬帝國的迫害；直到四世紀的狄奧多西皇帝在位時，下令將基督教定為羅馬唯一的宗教信仰，並且禁止了所有非基督教的活動，連歷史悠久的奧林匹亞運動會也被迫取消，而逐漸演變成「信仰即生活」的思維邏輯。

羅馬帝國滅亡後，一時間社會秩序蕩然無存，人人惶惑終日，此時閱讀《聖經》，誠敬祝禱，反而能帶來心境的平和，慰藉受創的心靈。於是，教士們得到眾人的信賴和愛戴，他們以慈祥的面貌，溫柔的語調，安撫著信徒的身心。他們博學多聞，願意無私的奉獻，所以又擔負起維護文化和教育孩童的社會責任。神職人員的地位崇高，宗教組織逐步擴大，成為中古歐洲各地的普遍現象。

但是，隨著教會組織日益龐大，眾多的神職人員難免良莠不齊；更因信徒的奉獻捐贈日增，讓各地教會擁有豐厚的財產，而且不必繳納稅捐，神職人員開始耽於逸樂，甚至生活腐化。

「你聽說了嗎？他們竟然不守清規，在教堂裡賭博。」「是嗎？我還知道更勁爆的呢！你看講壇上那個傢伙的臉紅通通的，說不定是酗酒……」「喂！如果想要揪出這批教士的罪狀，就得拿出證據啊！」

「證據？那有什麼困難？他們發售『贖罪券』，宣傳只要將錢投入捐獻箱，就可以得到靈魂的救贖，死後直接升入天堂。這根本就是斂財騙人。」

「噓！小聲點，誰敢揭發他們呢？不怕遭天譴報應嗎？」大夥兒輕輕嘆了一口氣，低下頭繼續讀經。就是這種隱忍不說的鴕鳥心態，讓某些神職人員膽大妄為，做出一些褻瀆神職的事。

根據歷史記載，十六世紀的羅馬教宗亞歷山大六世曾和多名女子同居，還生下八個私生子；之後的利奧十世，則是出賣兩千多個教會職位，謀得百萬金元的私產，讓人為之氣結！

不過，到了西元一五一七年，日耳曼人馬丁路德首先發難，揭開了宗教改革的序幕。而另一位改革者，則是出生於法國的喀爾文。

一五〇九年出生於法國的喀爾文（John Calvin），雙親都在教會工作，但因母親早逝，讓喀爾文從小便顯得沉默寡言。隨著年紀漸長，喀爾文的學業成績表現傑出，得到教會的獎學金，在十八歲時取得碩士

學位，也逐漸接觸馬丁路德宗教改革的理論；可是，當時的法國國王反對宗教改革，讓喀爾文頗覺失望。為了一抒己懷，喀爾文撰寫《基督教原理》一書，獲得了廣大迴響，立即銷售一空。

「您快走吧！國王又下令逮捕支持宗教改革的異議分子。」喀爾文曾經遭遇兩次牢獄之災，這會兒他聽從友人建議，決定遠走高飛，來到瑞士的日內瓦。

二十六歲的喀爾文憑藉豐富的學識，謙和的態度，贏得信徒的敬重。他似乎是從《聖經》中得到特殊的力量，一講起道來，便能旁徵博引，雄辯滔滔，因而成為日內瓦的首席牧師。

喀爾文強調「預選說」，認為信徒應該篤信《聖經》教誨，努力工作，端正品德，簡約生活，就能成為上帝的「選民」；如果胡作非為，違背《聖經》的規範，就是上帝的「棄民」。「各位！購買『贖罪券』尋求救贖是無知的行為，更是不肖教士們斂財的手段，千萬不可輕信。」喀爾文大聲疾呼。

「感謝主！為我們安排了工作，職業本無貴賤，一定要認真負責，以自身的表現來榮耀上帝。」喀爾文認為，事業的成功並不是擁有金銀財寶，而是社會上人人各司其職，促進整體的繁榮。

「借錢給他人從事發展，而獲取應得的利息，這是合理的借貸，絲毫不違背道德。」喀爾文把經商、借貸等等商業行為，也視為是上帝賜予的工作，因此促進日後「資本主義」的衍生。

喀爾文認為宗教和道德是無法區隔的，於是擬定出一份生活規範，連飲酒、跳舞、穿著華服都在禁止之列。「婦女爭妍鬥豔是一種愚蠢的行為，應該思考如何扮演女兒、妻子或母親的角色，而不是把生命浪費在妝飾外貌上！」但這種嚴苛的規定，遭到部分人士的反對，喀爾文的改革受挫，一度逃到德國斯特拉斯堡，直到一五四一年，日內瓦民眾還是決定要迎回這位充滿強烈道德感的宗教改革領袖。

大家同意喀爾文所提的「教會憲章」，喀爾文正式創立了新教「喀爾文教派」。他特別強調世俗的改革，反對奢侈浪費，簡化宗教儀式，把教堂改造成一個適合信徒和上帝交流的神聖場所，甚至連聖徒遺物、風琴等等飾品都一併取消，刻意彰顯樸素聖潔的氛圍。

強調端正信徒行為的喀爾文，將日內瓦締造成「上帝之城」。一五五九年，又創立了日內瓦大學，培養新教傳教士，將其神學理論，遠傳到歐洲其他各地，其中最具影響力的是蘇格蘭的「長老教會」和「清教徒」。

後來當蘇格蘭人移民北美，並於一七七六年獨立建國時，喀爾文教派早已在美國落地生根，並且在立國精神和西部開拓上發揮重大的影響。

喀爾文於一五六四年病逝，他不只是日內瓦實際的統治者，德國歷史學家蘭克更是對他讚譽有加，大膽直言：「喀爾文是美國真正的立基者。」

一代文豪莎士比亞

在文學史上開啟了一個嶄新的境界，更是全人類的一頁詩篇。

「親愛的，我們結婚吧！」安妮囁嚅著說道。「為什麼？」年僅十八歲的莎士比亞被震懾住了。「因為我懷孕了！」安妮理直氣壯的回答。莎士比亞望著二十六歲的農家女孩安妮，心裡一片茫然，但是他明白自己該負的責任，雖然是心不甘、情不願，他倆終究是結了婚。長女蘇珊六個月後誕生，過了兩年，安妮又生了一對龍鳳雙胞胎，初為人父的莎士比亞手忙腳亂，三個孩子根本拴不住莎士比亞的心。二十二歲那年，他離開妻女，前往倫敦發展，這一別，就是二十多年。

被世人尊稱為「莎翁」的威廉・莎士比亞（William Shakespeare），西元一五六四年出生在英國工業城鎮伯明罕附近的史特拉特福小鎮（Startford），父親善於經商，母親出身地主之家，所以，莎士比亞的童年生活相當優渥，也接受多元的教育栽培，他學習拉丁文、邏輯、歷史、文學和演說。他喜歡博覽群書，在浩瀚的古籍中，濡沐古聖先賢的學養，從此奠定他的寫作基礎。

可惜好景不常，莎士比亞十六歲的時候遭逢家變，讓他中輟了學業。「孩子，爸爸也是不得已，這些日子以來，所有的虧損……」「爸爸，您別說了，該是為人子盡責任的時候了。」家裡一片愁雲慘霧，突然間讓莎士比亞成熟了許多，種種的磨難，讓他對生活有了深刻的體會，也豐富了他往後作品的內涵，正如他留下的名言：「黑夜無論怎麼漫長，白晝總會到來。」

可是，安妮意外的懷孕，攪亂了莎士比亞的一切，直到他來到倫敦，才讓他邁入了生命的另一段里程。

初到倫敦的莎士比亞一無所有，靠著出賣勞力維生。這時的倫敦街頭有不少戲院，莎士比亞藉由服侍來看戲的包廂觀眾，一面賺取小費，一面偷偷觀摩演員的演出，後來自己也下場嘗試，但只限於零星的機會，扮演跑龍套的小角色。

耳濡目染中，莎士比亞發現許多劇集所本的都是流傳千年的歷史故事，這讓他燃起希望。「我所熟知的歷史，是否可以用戲劇的方式來呈現呢？」正巧此時各戲院對劇本的需求量極大，於是，莎士比亞以流暢的文筆，貫穿豐沛的情感，重新詮釋許多歷史故事。

二十七歲那年，莎士比亞以《亨利六世三部曲》奠定撰寫劇本的基石；三年後，浪漫派的愛情悲劇《羅密歐與茱麗葉》風靡了全倫敦，正如莎士比亞所說：「戀愛是盲目的，戀人們瞧不見自己所做的傻事。」相戀的人執著所愛，無奈卻是情深緣淺。《羅密歐與茱麗葉》歌頌愛情的偉大，賺取無數觀眾的熱淚，也為莎士比亞贏得如日中天的聲望。

另一齣著名的劇作《安東尼與克麗奧佩脫拉》則是描述羅馬英雄凱撒、安東尼與埃及女王克麗奧佩脫拉三人複雜的戀情，愛恨情仇中交織著詭譎多變的政治局勢，男女主角最後都不得善終，讓人不勝唏噓！

悲劇之外，莎士比亞也擅長喜劇的創作，《仲夏夜之夢》的空靈縹緲，讓觀眾沉醉在神話的仙境中，留下無盡的想像空間。

莎士比亞從四十歲開始，邁向創作的黃金時期，他是倫敦最知名的演員兼編劇，也是宮廷劇團的台柱。可是，在他四十八歲那年，他突然離開倫敦，回到闊別已久的家鄉，和妻子再續前緣。或許是故鄉的召喚，也或許是因為沉溺在各類角色扮演中，讓他重新渴望親情的慰藉，漂泊已久的遊子，終究要回歸故里。

在此之後的四年，仍舊是莎士比亞的創作高峰期，在他五十二歲去世之前，他一共編寫出三十六齣戲劇，一百五十六首十四行詩，並使英文成為當代歐洲最重要的語文之一。

西方文學家把莎士比亞和古希臘的詩人荷馬，文藝復興時代義大利的但丁，以及十九世紀德國的文學家歌德，並稱為世界四大作家。莎士比亞塑造的故事人物膾炙人口，建構的情節讓人蕩氣迴腸。例如：馬克白、李爾王、威尼斯商人等，而悲劇《哈姆雷特》細膩的感情描繪，更讓世人開始了解憂鬱症、戀母情結這些精神症狀。哈姆雷特王子深邃的眼神讓人著迷，他的一句獨白：「生存還是毀滅，這是一個值得考慮的問題。」讓觀眾的情緒隨之起舞，久久難以平復。

莎士比亞在文學史上開啟了一個嶄新的境界，他的成就不只是英國人的驕傲，更是全人類的一頁詩篇。寫實派作家狄更斯就曾經坦承，自己所有作品中有二十五篇是源自於莎士比亞的啟發，而中國近代的知名文人梁實秋，則是研究莎翁作品的權威。

莎士比亞在西元一六一六年去世，時至今日，他的作品仍在全球以不同形式的文化呈現，一代文豪當之無愧。

「知識就是力量」——培根

「讀書能使人充實，辯論能使人機智，而寫作則能讓人精細。」

十六歲就被派駐到法國而成為外交官的法蘭西斯・培根（Francis Bacon），是英國十六世紀最偉大的哲學家和文學家。他出生於西元一五六一年倫敦的一個貴族家庭，父親尼古拉斯・培根是女王伊莉莎白一世的掌璽大臣；母親安妮出身名門，安妮的父親擔任過英國的皇室教師，她通曉多國語言，對孩子的教育更是不遺餘力。所以，法蘭西斯從小便顯露出與眾不同的才華。

伊莉莎白女王經常到培根府上作客，享受夫妻倆的款待。由於女王終生未婚，不曾體會身為母親的喜悅，這時候，模樣討喜可愛的法蘭西斯，在女王身邊跟前跟後，立刻博得女王的寵愛。「告訴我你幾歲了？」「陛下，我比您的王朝小兩歲。」法蘭西斯機智的回答，讓女王驚訝不已，認定他是一個不可多得的人才。

法蘭西斯十二歲時進入劍橋大學讀法律，在繁重的課業壓力下，法蘭西斯未曾因為想家而削減他的求知慾，反而更激勵他的上進意圖，他同時學習哲學、幾何學、天文學和多國語言。兩年多後法蘭西斯從大學畢業，父親刻意安排他到法國增廣見聞。

「孩子，過去你只是離家求學，如今是要出國進入一個陌生的國度，你會心生恐懼嗎？」「爸爸，您放心吧！我有這麼好的機會，全是因為您帶給我的榮耀，我一定會好好把握，不辜負您的期望。」法蘭西斯明白，憑藉著父親的關係，他可以在法國好好發展，怎不令他欣喜若狂呢？

法蘭西斯成為法國的見習外交官，更是大家矚目的焦點，因為他實在是太年輕了。不過，他的思慮嚴謹，舉止優雅，應對得宜，確實是人中之傑。

父親的病逝，讓法蘭西斯遭受到生平的第一次打擊，失去家人的傷痛讓他難以釋懷；而且，過去全靠父親資助，如今父親所留遺產不多，法蘭西斯竟不知該何去何從！「現在我繼承了爵位，卻得自行張羅衣食，回想過去不必為了金錢發愁，真是太幸福了。」法蘭西斯一聲長嘆，有感而發：「知足是最好的財富，信心是最好的品格。」此後他加倍努力，終於取得開業律師的資格。

法蘭西斯學富五車，加之以辯才無礙，讓許多人印象深刻，他二十三歲便擔任國會議員，之後平步青雲，官運亨通。但他始終孜孜不倦的求取新知，法蘭西斯認為：「讀書能使人充實，辯論能使人機智，而寫作則能讓人精細。」

法蘭西斯一表人才，卻蹉跎到四十五歲才結婚。他的妻子出身平民，是個家財萬貫的富家女，很多人抱持著譏諷的態度惡意批評：「這樁婚姻根本就是一項交易，法蘭西斯貪圖富貴，他的岳家想要高攀，雙方都各懷鬼胎。」不過，夫妻倆的感情如膠似漆，許多謠言不攻自破。

正因為法蘭西斯的人生太過順利了，他不僅遭人嫉妒，還對他污衊中傷，尤其是他習以揮金如土的方式生活，看在一般人的眼裡，不免對他大肆撻伐。法蘭西斯六十歲那年，不慎捲入一件舞弊案，雖然他洞悉法律，擅長滔滔雄辯，但他在受審的過程中卻不為自己辯護，只是無奈的表示：「我不夠堅強，沾染了時代的惡習。」最後以收受賄賂的罪名被免除一切公職。

這個案件牽扯到更高層的執政當局，法蘭西斯態度淡定，因為，他已看盡官場上的冷暖百態，此後便隱居家中，專心研究學問。他鑽進浩瀚的學術領域，在人生的最後幾年，法蘭西斯沉浸在思考、寫作和科學研究的快樂中，留下許多精闢的思想論述。

法蘭西斯在著作《進學論》和《新論理學》中強調，追求知識的最佳途徑，不是迷信古籍或權威人士的理論，而是直接研究事物，將收集所得的資料分析比較、歸類整理，以得到最精準的結果，這便是「歸納法」。

秉持著如此信念，西元一六二六年，法蘭西斯在一個大雪紛飛的寒冬，置身室外進行冰雪防止肉類腐敗的實驗，結果受了風寒，從此一病不起，六十五歲時病逝。法蘭西斯的名言「知識就是力量」膾炙人口，他的散文獨樹一格，被人稱讚是「具有甜美而莊嚴的韻律。」他的寫作論點以實用的方式表現，文詞簡明流暢，又蘊含豐富的哲理，作品《培根論文集》被認為是時代的殊榮，也是英國十六世紀的精神代表。

「我思故我在」——笛卡兒

鼓勵大家以「勇於懷疑和獨立思考」的態度，來獲得知識，笛卡兒被視為近代哲學的創始。

西元一六四九年，一個大雪紛飛的夜晚，笛卡兒（René Descartes）在瑞典皇宮裡瑟瑟發抖，儘管壁爐裡的火光熾熱，但早已年過五十了，實在無法適應這裡酷寒的天氣，他心裡直嘀咕：「女王對我雖然敬重，但她什麼時候才能還我自由，讓我享受無拘無束的生活呢？」

其實，瑞典女王並沒有限制笛卡兒的行動，她是因為仰慕笛卡兒的學識，特別請他到宮裡擔任御用教師，指導女王學習數學、物理和哲學，這是多麼難得的殊榮啊！但這對笛卡兒來說，卻是無形的束縛。而且，女王每天都因為公事繁忙，有時是三更半夜，有時是清晨五點，笛卡兒被宣召進宮上課，規律的作息全被攪亂了，簡直是一種折磨。

笛卡兒出生於西元一五九六年，是法國一個貴族家庭的子嗣。不幸的是，母親因為產後併發症病故，連帶影響到笛卡兒的體質。他自小體弱多病，多次徘徊在鬼門關前，好在身旁的保姆為了報答女主人，願意不辭辛苦的照顧笛卡兒，終於把他拉拔長大，所以他的名字就是「喜獲重生」之意。

笛卡兒的父親始終陷溺在喪妻的悲痛中，對笛卡兒的態度十分冷漠。笛卡兒總是沉靜的若有所思，不哭也不鬧，父親才留意到孩子的特別，暱稱笛卡兒是：「小哲學家」，決定讓他接受良好的教育。

笛卡兒先在一所頗負盛名的教會學校就讀。「報告校長，這個孩子總是晏起，不能準時到達教室；如果我們強迫他早起開始學習，過不了幾天他就病懨懨的，這該如何是好？」老師時常因為笛卡兒不正常的作息而頭痛不已。因為，學校的課業繁重，生活節奏緊湊，笛卡兒雖然熱衷學習，但他從小嬌生慣養，一時間適應不良，根本無法跟上同學的步調。

校長似乎已經注意到這個孩子的與眾不同。「如果他真是難以負荷，那麼就准許他遲到早退吧！」校長強調因材施教的理念，相信笛卡兒是個可造之材。於是，笛卡兒有了特許，可以留在宿舍裡自修。

笛卡兒果真窩在床上讀書，但他並未虛耗時光，他的個性恬靜不多言，一個人獨處斗室，倒也能遍讀群書，增進學養。

笛卡兒二十歲大學畢業，獲得法律學士的學位，可是他卻不想當律師。「身為貴族就得研讀法律，但我志不在此。」笛卡兒的興趣是數學和哲學，他喜歡思考，發現問題，然後專心研究。在家人的鼓勵和資助下，笛卡兒從一六一六年到一六二八年之間，在義大利、波蘭、丹麥、荷蘭、匈牙利等國家遊歷，有感而發：「世界就像是一本大書，有太多的事物值得我們去探究。」

笛卡兒走訪各地期間，也經歷過戰爭的殘酷，體會出生命的珍貴，回憶過去在巴黎的燈紅酒綠，他覺得索然無味。「上流社會所擁有的，平民百姓所追求的，兩者之間竟是如此的遙不可及。」他厭倦了巴黎的社交生活，最後選擇在言論、思想自由開放的荷蘭定居，一住就是二十一年。此後，笛卡兒縱情在自己的思維世界，相信真理，並從事多項科學研究。

一六三四年，笛卡兒準備發表《論世界》這本書，介紹他所研究的科學成果，但是朋友卻提出警告：「哥白尼當年提出『太陽為宇宙中心』的理論，違背《聖經》的說法，受到宗教界的大肆抨擊；後來，伽利略又因為擁護哥白尼的學說，而被教宗宣判有罪。如今，你竟在書中公開支持哥白尼，即使荷蘭是一個自由開放的國家，你還是得小心為妙，別和羅馬教廷為敵。」

於是，笛卡兒只好暫時不發表這部作品。但在一六三七年，他的新作《方法論》出版，引起讀者極大的迴響。他以清晰簡潔的筆調，介紹深奧的科學原理，解釋光的折射定律，探討雲、雨、彩虹的形成原因，並解析幾何的學理，為日後數學微積分的研究奠下基礎。此外，笛卡兒還提出另一種邏輯：「我思故我在」，鼓勵大家以「勇於懷疑和獨立思考」的態度，來獲得知識，不可輕信占星術、魔法和其他迷信的活動，應該親自觀察、實驗以及思考。他曾經指著一隻正待解剖的兔子說道：「這就是我的書本。」笛卡兒的治學態度嚴謹，被視為是近代哲學的創始。

雖然名滿全歐，笛卡兒卻遭受一連串打擊，屢嘗失親之痛，父親、姊姊，以及獨生女都先後病逝，讓他身心飽受煎熬，但仍孜孜不倦於學術研究。

一六四四年，笛卡兒出版《哲學原理》，使他享有「近代哲學之父」的尊榮，五年後被瑞典女王徵召入宮，可惜不到一年，就因為肺炎而去世，最後歸葬巴黎。

學富五車，神態瀟灑自然，皇帝賞識湯若望，連皇帝的母親孝莊太后也是如此。

皇帝的「瑪法」——湯若望

「瑪法（滿洲話爺爺之意），朕的皇子之中，誰最適合立為儲君呢？」順治皇帝反覆思量，一日在閒談中，竟和傳教士湯若望討論此事。「陛下的諸子皆賢，但三皇子玄燁出痘而癒，一旦繼位便不受此症威脅，而得以專心理政，是否可以納入考慮？」湯若望所提的玄燁，就是日後的康熙皇帝。

西元一六六一年，順治皇帝駕崩，年僅八歲的玄燁登基。他承繼的皇位雖不能說全賴湯若望授意，但至少順治帝考量了湯若望的提議。康熙皇帝和這個來自歐洲的傳教士，有著難以言喻的情誼。

湯若望（Johann Adam Schall von Bell）在西元一五九一年出生於神聖羅馬帝國。他的個性活潑，資質優異，成長於貴族世家，自幼接受良好的教育，造就他寬宏的氣度和淵博的學識。

明神宗萬曆四十七年，二十七歲的湯若望接受天主教耶穌會的安排，跟隨法籍神父到了澳門，開始學習中文和中國文化，三年後進入廣東宣教，並在年底到達北京，傳播天主福音。

此時明熹宗在位，朝中奸宦當道，大明國勢今非昔比，關外的女真族枕戈待旦，虎視眈眈，湯若望感受到暴風雨即將鋪天蓋地而來，但他沉靜應變，並以專業技能贏得尊重。

「這個洋人三次算準了月蝕的時間，確實不凡！」在朝廷大臣的引薦下，湯若望得到幾位學者的協助，以西方科技為藍本，編寫出《遠鏡說》一書，這是中國第一部介紹光學理論和望遠鏡的啟蒙著作，對日後的影響深遠。

行徑荒唐的明熹宗過世後，十七歲的明思宗繼位。湯若望原本在西安宣教，因為原駐北京的傳教士病故，湯若望便轉赴北京，和大臣徐光啟合編《崇禎曆書》一三七卷。「大人，您的玉體違和，還關心曆法，著實令人感佩！」「民安國乃安，曆法關係到農事生產，國計民生。現今曆法沿用過久而有謬誤，重新修訂刻不容緩，如今有你這位得力助手，我即使臥病在床，也願助一臂之力。」湯若望永遠記得他和徐光啟的對話，可惜如同徐光啟這般大臣並不多見，難以力挽狂瀾，年輕的皇帝性躁易怒，明朝敗亡的命運已經註定。

湯若望因為參與修訂曆法，得到出入宮禁的方便，宮內先後有王妃數人，百名官員信奉天主教，讓湯若望頗為欣慰。

改朝換代的時刻終於到來，西元一六四四年，清兵攻占北京，攝政王多爾袞命百姓三日內遷到城外，把北京讓給滿洲八旗。「為了保護天文儀器和印刷曆書的板片，可否留居原地而不遷移？」湯若望向多爾袞提出要求。多爾袞久聞此人大名而應允。之後又因為湯若望再次精算出日蝕的時刻，而被任命為「欽天監監正」，並且制訂了《時憲曆》，一直使用到清末。

受多爾袞輔佐的順治皇帝長大親政後，湯若望備受敬重，受封為「光祿大夫」，還得到宣武門內御賜之地以修建教堂。原本崇信佛法的順治皇帝，在教堂落成時，親題「通玄佳境」匾額，甚至連湯若望遠在歐洲的父母親，都受到特別的殊榮。

「瑪法別跪！和朕一起坐著談。」順治皇帝特別允許湯若望可以隨時入宮覲見，並且簡化了三跪九叩的君臣之禮。根據歷史記載，皇帝在兩年之內到湯若望的寓所去了二十四次，有時因為事出突然，湯若望不知聖駕將至而外出辦事，害得皇帝撲了個空，堪稱是前所未見。

順治皇帝和湯若望總是相談甚歡，兩人不似君臣倒像朋友，還針對西洋技藝或器物開開玩笑。湯若望學富五車，神態瀟灑自然，和卑躬屈膝的大臣大相逕庭。「朕的臣子總是磕頭多說話少，言語媚俗淺薄，不像瑪法言之有物。」皇帝賞識湯若望，連皇帝的母親孝莊太后也是如此。

正當湯若望享有各種榮耀時，順治皇帝崩殂，年僅二十七歲，繼位的康熙皇帝年幼無援，由鰲拜等老臣總攬朝政。

鰲拜的思想守舊，只知結黨營私，弄權禍國。和他同謀的楊光先眼見天主教勢力日益龐大，便在康熙三年上奏朝廷，指控湯若望等人圖謀不軌，假借宗教之名以惑眾。「大膽！妖書邪說想造反嗎？」鰲拜一聲令下，湯若望等四名傳教士被捕下獄。

年逾七十的湯若望不堪折磨，受審時幾乎是有口難言，都由比利時籍的傳教士南懷仁代為答辯，如此更顯得湯若望包藏禍心。兩個月後，湯若望被判死刑，其他的人則是充軍邊塞。

「不好了！兩顆彗星一起出現了。」「地震啦！」「此乃天意示警啊！」湯若望被押牢獄期間，一連串的異象讓人議論紛紛，最後決定由孝莊太皇太后裁示。「先帝在位時和湯若望往來甚密，哀家不認為他有謀逆之心。」於是湯若望得免死罪而獲釋。但因教堂被楊光先霸占，湯若望只好遷到南懷仁的住所，不久病逝，享年七十五歲。

湯若望的大半生都在中國度過，促進東西文化交流功不可沒。他死後三年，康熙皇帝剷除了鰲拜一夥人的勢力，湯若望的冤屈獲得平反，皇帝還撥下銀兩，下旨重辦隆重的喪禮，緬懷這位西洋傳教士的貢獻。

英國國會的演變

國家的運作掌控在國會、兩黨和內閣手中，落實了民主政治，成為君主立憲國家的榜樣。

「陛下，西班牙和我國素來不睦，又是信仰舊教天主教的國家，和先皇創立的新教——英國國教宗旨不符，此次請求婚配聯姻，臣等望您三思不要答允。」一群國會代表正絮絮叨叨的說著。伊莉莎白女王略感不耐的回答：「婚姻大事非同兒戲，我自有權衡，不勞各位費心，你們請先退下吧！」英國在伊莉莎白一世四十五年的統治期間，國勢蒸蒸日上，卻因為她專制強勢的作風，導致和國會的關係不睦，而國會凡事干預，甚至連女王的終身大事都有意見，也讓女王耿耿於懷。

說起英國國會的形成，應追溯到西元九世紀時，由國王不定期召開的「賢人會」。成員是貴族組成的「上議院」，和市民階級代表組成的「下議院」，開會時大家都可表達意見。到了十四世紀，國會是國家的最高法庭，還有批准國王可否徵稅的權力。

而伊莉莎白女王的父親亨利八世，又允許國會議員享有言論自由，可以暢所欲言的談論國家大事。但隨著社會上通貨膨脹的發生，貴族再也無法只靠地租維持生活了。於是，他們開始拋售土地給市井小民當中的鄉紳階級，這也使得「下議院」的勢力逐漸上漲，因為財富而提升了地位，「下議院」在國會的影響力也與日俱增。

十六世紀的亨利八世是個雄才大略的君主，他對國會議員給予基本的尊重。但是，後來竟為了他個人的婚事而與國會反目，在政壇掀起軒然大波。

亨利八世的皇后是西班牙公主，雙方感情不睦，亨利八世為了新歡執意與皇后離異，而這個新歡只是皇后身邊的侍女，此舉得罪了西班牙，也讓反對離婚的羅馬教廷大為不滿。此時國會無法發揮制衡的力量，只能任由亨利八世與教廷決裂，拋棄元配迎娶新后，這位新后就是女王伊莉莎白一世的母親。

聰明的伊莉莎白女王和國會維持表面上的和睦，但是她多次表示：「如果可以用其他的方式解決問題，我根本就不想召開國會！」她在一六〇三年去世，因為終身未嫁沒有子嗣，王位便由蘇格蘭國王詹姆士一世繼承。

詹姆士一世貌不驚人，說話口齒不清，行事風格卻是出人意表，他堅持國王的權力要凌駕在所有人之上，和國會多次發生衝突，為未來的發展埋下陰影。

詹姆士一世病逝後，由兒子查理一世繼位，年輕的新王長得儀表堂堂，頗具藝術家氣息，大家對他寄予厚望。可是，他比父親更專制，為了滿足個人豪奢的生活，橫徵暴斂，為所欲為，當國會干預時，他竟蠻橫下令解散國會，時間長達十一年。「太誇張了，國王在沿海市鎮徵收船稅也就罷了，我們這兒是內地市鎮，根本沒有船啊！為何要繳船稅？」「國王巧立名目徵稅，還出售官職斂財，太囂張了。」在各方反彈下，查理一世勉為其難的召開國會，目的是要通過他的徵稅提案。但當他聽聞國會可能杯葛議程時，竟衝動的領軍衝進國會，想逮捕異議分子，沒想到卻被群情激憤的市民包圍。從此「保皇派」和民兵「清教徒」展開長達數年的內戰，最後，四十九歲的查理一世被國會宣判死刑。

流血衝突換來十多年的和平，由清教徒的領袖暫代國政。到了一六六〇年，查理一世的兒子查理二世回來復辟，英國的政局又有了新的變化。革命後的動盪不安，讓查理二世在外漂泊多年，一想到父親血濺刑場時的慘烈，查理二世為父報仇的意圖更加強烈，他逮捕了幾個當年對他父親判處極刑的國會議員，也對他們施以極刑，似乎是想和國會勢不兩立。

但是，查理二世知人善任，慎謀能斷的治國長才，讓國會不得不對他另眼相看，一直到查理二世在一六八五年去世，國會都沒有和他發生衝突。

查理二世的私生子不少，卻沒有正式的王儲可以繼位，王位便交到弟弟詹姆士二世的手上。五十多歲的新王庸庸碌碌，國會和人民頗為失望。對當年父親查理一世所引發的革命，詹姆士二世似乎記憶模糊；令他印象深刻的，反倒是這些年來在法國凡爾賽宮的日子，因為他的母親是「太陽王」路易十四的姑姑。路易十四熱情的收留了詹姆士二世，並且讓他見識到皇室的奢華及國王不可一世的威風。

詹姆士二世缺乏哥哥靈活圓融的政治手腕，一心嚮往法國皇室的專制作風，當然引發人民強烈的不滿。但是非到最後關頭，國會不會輕易和國王發生衝突；更何況，這位肥胖的國王已經到了遲暮之年，也許過不了多久，他就會壽終正寢吧！

「我看就再等等吧！陛下一旦駕崩，不論是大公主和女婿來繼位，或換小公主和夫婿登基，舉國都會欣然接受的。」國會議員經常私下議論著。但隨著時光流逝，國王的身體日益硬朗，還和年輕的新皇后生了一個男嬰，讓大家跌破眼鏡。

「陛下為小王子舉行舊教的洗禮，表示他不承認新教，甚至可能迫害教徒。」「這還不打緊！小王子的誕生，讓兩位公主失去繼承權，這可不是萬民之福啊！」於是，國會出面邀請了大公主瑪麗和夫婿荷蘭王子威廉前來英國即位。

詹姆士二世原本想要動用軍隊來驅逐女兒和女婿，才發現眾叛親離，眼前他已經毫無退路，只得黯然下台，和平的完成政權轉移。

一六八八年的這場革命完全沒有流血衝突，是英國歷史上極為光榮的一頁。更因為威廉簽署了國會提呈的「權利法案」，使國家的運作掌控在國會、兩黨和內閣手中，落實了民主政治。

此後，英國便由國會負責立法，兩黨輪流執政和監督，內閣負責國事的運作，國王則是精神領袖的「虛位元首」。這種制度成為君主立憲國家的榜樣，堪稱是民主政治的典範。

巴士底監獄祕辛

「我們決定將『三級會議』改名為『國民會議』，以示人人生而平等。」平民代表聲明。

「來人！立刻打入大牢。」國王一聲令下，人犯被衛兵連拖帶拉的逐出宮廷，只見他聲嘶力竭的哭喊：「陛下饒命，微臣是冤枉的，求陛下開恩，讓微臣陳述清白……」隨著聲音遠去，國王和簇擁在身邊的貴族一派氣定神閒，不見絲毫憐憫之情；因為國王任意下令抓人，這已經是司空見慣的事了。

為了樹立統治者的權威，國王昭示全民：「朕即國家！朕的權力是上天所授，無人能犯。」從十七世紀「太陽王」路易十四開始，就常以「王家密令」逮捕所謂的異議分子。被捕的人未經司法審判便遭到長期監禁，有些人甚至還來不及弄清楚，自己究竟犯了什麼罪，就被關入黑牢直到老死。路易十四去世後，路易十五清查巴士底監獄裡一百多個政治犯，發現大多數人都被路易十四的聖旨：白紙一張，僅有名字一項，便進了監獄！也就是說，這些人根本沒有罪證，可能是曾經得罪了皇室權貴，一輩子就這麼不明不白的葬送在牢裡。

位於巴黎市中心的巴士底監獄是座可怕的黑牢，原是座軍事城堡，建於十二世紀，當時正值英法百年戰爭期間，為防禦英國人進攻，城堡就建在巴黎城門前方，牆高一百英尺，厚三十英尺，四周有寬八十英尺的壕溝以及七個塔樓，上面都架著大炮，城堡內還有彈藥軍火庫，兼具攻防的效果。不過，隨著戰爭的平息，法國國勢蓬勃發展，巴黎市區不斷擴張，巴士底城堡成了市區東郊的建築物，失去抵禦外敵的功效，反而成了駐軍的場所。於是，巴士底城堡被國王派駐了大批軍隊，成為專門收容政治犯的監獄，這是巴黎的制高點，更是威權統治的象徵，是人人懼怕的政治迫害場所。

「我不同意你說的話；但是，我絕對支持，你有說話的權利。」力主言論自由的大文豪伏爾泰，也在巴士底監獄服過刑，好在他獲得開釋，雖然被法國逐出國門，但終究是保住一條命。

「專制王權的浮濫，加上社會處處充斥著不公，日後必定招致民怨，爆發激烈衝突。」伏爾泰不只一次的大膽預言。他說的沒錯，十八世紀法國的平民百姓，忍受著各種苛捐雜稅，他們幾乎將收入所得的五分之四全繳了稅，只留下五分之一慘澹度日，而那些揮霍成性的皇室貴族，卻根本不必納稅！甚至連神職人員也置身事外，完全漠視民眾的艱辛困苦。

「國庫空虛，財政赤字屢現。陛下，您得拿個主意了。」一面對繁瑣的財務報告，路易十六流露出不悅的表情，問題是，難題究竟該如何解決呢？

「節流是辦不到的，那就開源吧！」國王終於說了話。「可是陛下，開源要找誰負責呢？」大臣明白國王的旨意，唯一的開源之道就是加重賦稅。

「不管是誰，只要把錢繳出來，解決國家財政危機，就是當務之急。」路易十六揮揮手，已經沒耐心再召開財政會議了。

「傳令下去！速召貴族、教士、平民三個階級的代表，大家盡快開會討論吧！」財務大臣一聲令下，「三級會議」立刻展開，時為一七八九年五月。

其實，早在問題爆發的前兩年，國王已經召開過一次「顯貴會議」，一百四十五位貴族、教士的代表們討論了三個月，誰也不願意放棄免稅的特權，至於嚴重的財政赤字，就留待「三級會議」去解決吧！

一七八九年的「三級會議」充滿火藥味，三方人馬脣槍舌劍互不相讓，誰也不願增加負擔，令人為之氣結的是，投票的方式是以一個階級為一票，而非人手一票，而且三個階級的代表，是區隔在三個會場分開討論，歧視的意味濃厚。「豈有此理！貴族和教士聯手對付我們，他們的人數不及我們，卻握有兩票，我們永遠也爭不過。」「太過分了！哪有這種計票方式！再這樣下去，加稅的義務還是落在平民身上，跟貴族一點關係都沒有。」大家義憤填膺的爭論；皇宮裡的路易十六等得不耐煩，他只關心究竟誰願意解決財務困境，至於投票方式是否合理，並非他關心的焦點，國王把議場送來的建議擱置了一個多月不予理會，根本是不屑一顧！

「我們決定將『三級會議』改名為『國民會議』，以示人人生而平等。」平民代表發表嚴正聲明，但他們一再強調，這段抗爭期間人民仍會照常納稅，善盡國民的義務。

可是，路易十六並不領情，他悄悄派出軍隊進駐會場，目標對準第三階級，在群情激動的氛圍下，第三階級的代表要求國王說明派兵的用意。萬萬沒想到，路易十六不為所動，蠻橫的做法更激起眾怒，巴黎市民直攻巴士底監獄，時為一七八九年七月十四日。

長久以來，備受壓抑的平民百姓如同失去理智，凶狠的拆毀監獄，也傷害了幾名守衛，還釋放出牢裡的政治犯，誰也不知道裡面關了哪些人，當時只放出了七個人！

巴士底監獄的被毀，代表專制王權的沒落，與自由民主力量的新興。「自由、平等、博愛」的精神，則是革命的最高指標。一八八〇年，法國政府將七月十四日訂為國慶日，紀念這個特殊的日子。

「三權分立」——孟德斯鳩

「行政、立法、司法三權的獨立操作，可以抵制國王個人意志的濫用。」

醇酒、美食、音樂、華服，將宴會裡的人們襯托得雍容華貴，神采飛揚。但在孟德斯鳩（Baron de Montesquieu）的眼中，這些浮華不實的物慾，只突顯出人們的貪婪，為了追求名利而竭盡所能，為了貪戀富貴而爾虞我詐，出身貴族世家的孟德斯鳩早已厭倦了這一切。

孟德斯鳩於西元一六八九年出生在法國的波爾多（Bordeaux），祖父是法院院長，父親是知名將領，母親是名門閨秀。顯赫的家世，培養出孟德斯鳩蘊藉儒雅的氣度，也讓他養成博覽群書的習慣。

孟德斯鳩七歲喪母，父親暫代母職撫育他。為了全力栽培他以成大器，孟德斯鳩十一歲時被送往巴黎的教會學校，從古典拉丁文開始啟蒙，為日後的學習紮下根基。

孟德斯鳩在書本中汲取大量知識，他試圖分析希臘、羅馬和當今政體的不同。「希臘文明輝煌璀璨，羅馬盛世亙絕古今。而如今法國的強盛，卻彷彿像是風中柳絮，讓人難以心安。」

此時正值「太陽王」路易十四在位的晚年，宮廷生活糜爛，施政好大喜功，引領巴黎的上流社會窮奢極侈，卻不知平民百姓的艱辛，孟德斯鳩隱約感到一絲不祥。

孟德斯鳩十七歲時返鄉，以祖父為榜樣，開始鑽研法律，三年後獲得法學學士的學位，並成為合格的律師。此時他春風得意，經常流連在巴黎的上流社會，大家對這個年輕人讚不絕口，孟德斯鳩不僅是人中龍鳳，更是社交圈裡知名的單身貴族。

孟德斯鳩二十六歲時成為波爾多法院參議員，他和一位貴族小姐結了婚，得到豐厚的嫁妝，不久又晉升為男爵，還當上波爾多法院的院長。

一帆風順的孟德斯鳩並未驕傲自滿，當他深入法院的業務之後，卻經常有力不從心的無奈。「法院是維護公平正義的地方，但在封建專制的桎梏下，一般大眾可曾享有公平正義？」

博學多才的孟德斯鳩不再以追求名利為目標，他早已厭倦枯燥繁瑣的訴訟案件，而對學術產生濃厚的興趣，他嘗試自然學科領域的探究，撰寫了〈論重力〉、〈論相對運動〉等論文，他的著述成績斐然，二十七歲時被選為波爾多學院的院士。

多年來周旋於巴黎的上流社會，孟德斯鳩耳聞目睹，這些權貴男女卑劣污穢的一面，他不恥與之為伍，感慨說道：「或許我無力改變現況，但至少可以揭發黑暗。希望終有一日，人們能享有宗教和參政的自由。」孟德斯鳩開始匿名創作，以諷刺性的筆法，勾畫出貴族們形形色色的嘴臉，甚至大膽影射「太陽王」的暴虐。他以尖銳的筆鋒還予人民一個公道，果然引起廣大迴響，大家心照不宣，都知道作者是孟德斯鳩。

為了增廣見聞，孟德斯鳩辭去工作，遍遊歐洲各國，期間他在英國的時間最長，因為英國歷經「清教徒革命」和「光榮革命」，建立起完整的議會政治體系，人權受到保障，階級對立淡化，讓孟德斯鳩十分嚮往。

之後的數年，孟德斯鳩陸續榮獲英國皇家學會和柏林皇家科學院授予學位，而他最重要的成就，是在一七四八年發表了《法意》這本著作。

被法國文豪伏爾泰推崇為「理性和自由法典」的《法意》，可說是孟德斯鳩畢生研究的思想結晶，他提出人類社會發展的過程，是依循著一個自然的規律進行，並非由上帝主導著一切。這個論調立刻遭到教會的批判，甚至將本書列入禁書目錄；不過，這並無損於《法意》的暢銷，因為，人們對書中所提的另一項理論更感興趣，那就是「三權分立」。

「國家的權力如果集中在某一個人的手中，想要不專制也難。所以，行政、立法、司法三權的獨立操作，可以抵制國王個人意志的濫用。」孟德斯鳩的闡述，立刻引起民眾的共鳴。因為，「太陽王」路易十四力倡「君權神授說」，使得王權不受任何制衡，其結果便是國王的一聲令下，人們立刻喪失了生命或財產，這不正是個人意志的濫用嗎？

一七五五年孟德斯鳩在巴黎去世，他的著述和英國的洛克（John Locke）以及法國的盧梭（Henri Rousseau），都被認為是革命的思想先驅。一七八九年爆發了驚天動地的法國大革命，各派系的領導人都直接引用《法意》中的論點，強調統治的正當性。甚至遠在美洲的一七七六年北美獨立戰爭，也提出「沒有分權就不算憲法」的構思，這也是源自孟德斯鳩的理論基礎。

孟德斯鳩的學說對亞洲的中國也產生影響，一九一二年孫中山推翻滿清，結束兩千多年的帝制，而在南京成立臨時政府，頒布「臨時約法」為國家的根本大法，特別提出行政、立法、司法三權分立的原則，以避免某一部會的專權而重蹈覆轍。可惜因為袁世凱、段祺瑞等多名軍閥的破壞，三權分立的精神蕩然無存，但這更顯現了《法意》的不朽，孟德斯鳩不僅是歐洲啟蒙時代的思想家，也是人類文明史上的偉大人物。

勇闖極地的白令

所發現的阿拉斯加，是「黑金」石油和鮭魚的產地，航向極地的白令，可是大功臣之一呢！

海風的吹拂下，心情頓時開朗起來。熱愛大海的白令（Vitus Jonassen Bering），是俄國海軍的一名軍官，參與過對瑞典、土耳其的海戰，對他而言，海風的氣息令他舒暢，大海就像是他最親切的家鄉。

白令其實是丹麥人，但是他卻進了俄國軍團，當時正是英明的彼得大帝執政期間，白令以身為帝俄的一員為榮。

雄心萬丈的彼得大帝一直有個夢想，那就是揭開俄國在太平洋東岸的水陸之謎。

「俄國領土雄跨歐、亞兩洲，掌握著世界霸權；但自從哥倫布發現新大陸以來，美洲就成為西班牙予取予求的殖民地，他國連一點兒邊也沾不上。我帝俄是全世界面積最大的國家，在版圖最北的邊境，和美洲之間，究竟有沒有土地相連，誰能告訴我正確答案呢？」

「陛下，臣等願全力以赴，讓陛下一償心願。」被彼得大帝徵召覲見的白令，深知任務的艱鉅，但他熱愛海洋，過慣了漂泊的日子，而且鬥志昂揚，他在西元一七二五年從聖彼得堡出發，航向充滿挑戰的未來。

白令和探險隊員艱苦的前進，他們必須克服惡劣的天氣，還要和成群的猛獸搏鬥，又得保持最佳的體能，迎向更困難的前程。「大家加把勁兒，暴風雪很快就過去了。」白令不只一次的在風雪中鼓舞眾人士氣，雖然他也不知道風雪何時停歇，但他相信，唯有堅持理念才不會被擊倒。

三年後，他們終於來到北太平洋的堪察加半島。「我要將此地的狀況詳細記錄下來，再搭配新繪製的地圖，未來一定對國防安全有所助益。」白令花了好一番功夫探勘和整理資料，同時將此地建立為航海據點，以進行接續的航程。

歷盡千辛萬苦，一行人通過了西伯利亞、阿拉斯加之間的海峽，如今這裡就命名為「白令海峽」。他們在一七三〇年返回聖彼得堡，當時彼得大帝已經過世。

「既然可以通達美洲，何不與當地建立貿易關係呢？」白令在心裡盤算著。不過，因為皇宮裡正充斥著權力鬥爭和王位繼承的糾紛，白令的計畫似乎無法引起當局的重視。

直到安娜女皇登基，政局終於穩定下來，她認真的聽取白令的計畫，並且大力支持。

一七三三年，白令再度啟程，兩年後到達鄂霍次克海，途中所經的沼澤區，讓隨行人員吃盡苦頭。「蚊蟲咬得癢死人啦！」「我身上已經腫得不行了。」大家一忍再忍，是為了貫徹詳盡的探勘和研究，因此獲得不少寶貴的資料。

「我們的任務還沒完呢！大家要更加油。」白令將兩艘新製的帆船命名為「聖彼得號」和「聖保羅號」，信心滿滿的蓄勢待發。兩艘船順利航行後不久，海面上忽然風雲變色，狂風巨浪襲擊著白令的船隊，雖然經驗豐富的白令依然指揮若定，其實，他早已驚出一身冷汗。

「呼！風雨終於停了。」水手歡呼起來；不過，更大的險阻還在眼前。因為，難以預測的冰山隨時會撞擊帆船，大家都是提心吊膽。

躲過了一劫又一劫，一七三九年，「聖彼得號」到達北美洲沿岸的島嶼，這便是今天的阿留申群島和阿拉斯加附近。可是，白令和「聖保羅號」卻失去聯繫。

其實，「聖保羅號」早已在風雨中停止任務，前往阿拉斯加找尋港灣躲避。

好不容易到了美洲，又好不容易跟當地的土著建立起友誼，白令正在慶幸事情順利進行時，可怕的災難發生了，那就是接連好幾個船員感染了敗血症，白令痛失數名隊員，可說是身心俱疲。

「我們必須離開這裡。」白令自己的體能狀況也不太好，他覺得要趕緊把握時間，以免被疫情拖困。

這時候，北太平洋已經進入嚴寒的冬天，氣溫遽降到攝氏零下四十度，帆船幾乎被冰雪封住而動彈不得，船員身上的凍瘡更是令人苦不堪言。

「大家用力的敲，讓我們來一趟破冰之旅！」白令振臂疾呼。可是，水手們真的太疲憊了，而冰層又太厚，花了好一番功夫，冰層被敲擊裂開，帆船終於向前行走，而眾人早已筋疲力竭。

一七四一年年底，虛弱的白令仍孜孜不倦的寫著探勘筆記，但他的體力耗盡，終於病逝在一個小島上，後人便將這座島命名為「白令島」。

白令所開闢通往北美洲的這條航道，雖然不具經濟價值，我國並沒有致力於貿易開發。但是，白令詳細的考察了西伯利亞，繪製出俄國太平洋沿岸的航海地圖，的確貢獻非凡。

而白令所發現的阿拉斯加，在數十年後被納入俄國版圖，到了一八六七年，又賣給美國，成為世界土地交易項目中，面積最大的一筆交易。因為，阿拉斯加的面積約為一百五十三萬六百九十三平方公里，相當於四十幾個台灣。如今阿拉斯加已是美國本土外的一州，又是「黑金」石油和鮭魚的產地，當年勇敢航向極地的白令，可是大功臣之一呢！

主張「民貴君輕」的盧梭

啟蒙思想展開的時期，人才輩出，盧梭所主張的「主權在民」最為突出，且影響深遠。

「一個國家的領導者當然是國王，如果擔心他會專制，不妨以憲法及國會的制度加以制衡，這就是我所主張的『君主立憲』。」法國大文豪伏爾泰語氣鏗鏘的敘述著。「不！您說得不對。只要有國王存在，就有專制的可能，歷史上解散國會，恣意獨行的國王不乏其人，到頭來受苦的還是平民百姓。所以我主張『主權在民』，讓人民做國家的主人，國王以及所有官職都是為國家服務的公僕，這樣才是真正的民主。」盧梭語氣激昂，和伏爾泰爭得面紅耳赤。

「好啦！兩位都是學養深厚，各自表述雖無不可，千萬別傷了和氣。依我看，國家不可一日無君，國王還是有存在的必要，人民怎能為國家大事做主？只要國王的態度開明，行事理性圓融，對國家終究是有利的。」《百科全書》的主編狄德羅出來打圓場。不過，盧梭可沒放棄爭辯，他正要開口，又被狄德羅揮手制止。「行了！大家都是好夥伴，不如暫停爭論，一塊兒工作如何？這《百科全書》堪稱是人類文化史上一大創舉，還有勞諸位多多幫忙啊！」

這正是歐洲十八世紀啟蒙思想展開的時期，各領域人才輩出，各種政治學說層出不窮，盧梭所主張的「主權在民」最為突出，且影響深遠。

一七七六年，華盛頓領導北美獨立，發表「獨立宣言」，就是依盧梭的理論而擬；一七八九年，法國爆發大革命，盧梭的作品《社會契約論》被視為革命聖經，並依其中精髓擬出「人權宣言」。只可惜盧梭已於一七七八年去世，無法親眼目睹「主權在民」的理念在未來落實。

盧梭（Jean-Jacques Rousseau）於西元一七一二年出生在日內瓦，當時母親因為生產病逝，所以他從未見過母親，只和父親及姑姑相依為命。盧梭本來還有一位哥哥，後來竟下落不明，因此，他得到父親所有的關愛。雖然物質生活並不富裕，但是盧梭的家庭氣氛是非常溫馨的，尤其是姑姑的個性溫良嫻淑，喜歡和盧梭邊唱著兒歌，邊說著故事，彌補了盧梭失去母親的遺憾；可是，盧梭十歲的時候，父親因為一時衝動，與人發生糾紛而惹上官司，驚惶失措的逃離家鄉，留下盧梭和姑姑不知該何去何從！

「孩子！我一個人是無力撫養你長大成人的，如今只好把你送到舅舅家，姑姑有空再去探望你。」姑姑輕撫著盧梭的頭髮，無限慈愛的說著，不知不覺已淚流滿面。

盧梭被送到陌生的舅舅家，跟隨牧師學習讀書寫字，但舅舅家的經濟也不寬裕，盧梭勉強寄住了三年，再度離家，跟著雕刻師傅當學徒，日子異常艱苦。

「喂！傻小子，你愣在那裡做什麼？還不趕快去工作。」師傅對著盧梭咆哮。盧梭喜歡看書，更喜歡思索書中的道理，旁人看來這就是偷懶，盧梭少不了又挨了一頓責罵。

「父親是個收入微薄的鐘錶匠，而我呢？將來頂多當個雕刻匠，這一生所為何來！」盧梭感嘆造化弄人，再次離家出走，開始長達十三年的流浪。

為了生活，盧梭不得不四處打工，他曾在日內瓦一個貴族的家裡擔任僕傭，身分雖卑微，日子卻過得舒坦；因為女主人華倫夫人對他很友善，認為他是個未經雕琢的璞玉，只可惜沒受過正規教育而難以發展，便鼓勵他說：「我看你喜歡讀書，我這兒有不少藏書，如果你把分內的事做完，就可以放心的看書。」

這段日子真是盧梭有生以來最快樂的時光，他博覽群書，獲得不少啟發，後來他稍有積蓄，便來到人文薈萃的巴黎，開始推銷自己的作品。

「我身為法國人，豈可不認識巴黎的名人！」盧梭自視甚高，也確實才華洋溢，雖然他的著作一時未能廣獲迴響，但已有不少的欣賞者，因此結交不少文壇名人，並從一七四九年開始，參與狄德羅《百科全書》的編纂。

和這批志同道合的朋友一起工作，是盧梭的幸運，卻也是他的損失，因為他的個性固執，喜歡和夥伴們爭論不休，惹得大家不高興，最後盧梭和眾人便漸行漸遠，日益孤獨。

「唉！浮華如夢，這兒根本不適合我。」儘管此時盧梭編輯的歌劇劇本已經造成轟動，但他決定遠離巴黎，重返故里日內瓦，享受恬淡安適的生活。盧梭在日內瓦專心論著，衍發出不少新論述，再加上他的論文《科學與藝術的進化是人們道德的淨化或腐化？》榮獲法國科學院的頭等論文獎項，讓盧梭對學術研究更具信心，經常徹夜不眠的振筆疾書。

一七六二年盧梭的《社會契約論》出版，強調國家的統治應取決於大眾的公共意志，書中許多民主思想的論調，衝擊了專制盛行的法國王廷，於是這本書遭到查禁，盧梭也被迫流亡到英國，直到一七七〇年才獲准回法國。

盧梭是個不善理財的文人，手頭上十分拮据，再加上政治迫害的摧殘，讓他的生活更加困窘，連自己的孩子都養不起。他把五個子女全送進育幼院，從此更加形隻影單，甚至得了迫害妄想症，總是疑心有人會對他不利，最後在一七七八年淒涼的病故。

盧梭死後開始聲名大噪，許多人稱他是自然主義之父，尤其是一七七六年的北美獨立戰爭和一七八九年的法國大革命，支持者都將盧梭視為天才型的思想家，一七九一年法國為他豎立起雕像，讓盧梭享有「自由奠基者」的美譽。盧梭生前強調人類創造高度的文明，也可能帶來人性墮落的後遺症，這句話確實發人深省，尤其是在全世界力倡環保的當下，高度文明究竟是福是禍，還真令人百思不解啊！

科學達人富蘭克林

興趣廣泛，對事物的研究極具熱忱，研發出節省燃料的火爐，設計了避雷針。

「一定要做這麼枯燥的工作嗎？」小小年紀的富蘭克林仰頭問道。「孩子，規律的事務都是無趣的。可是，爸爸就靠著這份工作所得，才能養活我們啊！」媽媽慈愛的態度，讓富蘭克林暫時忍了下來。不過，他還是覺得每天只是把蠟燭用來點火的燃線——燭芯放進模型，倒入蠟油做成蠟燭，這種工作讓人毫無成就感，甚至是越做越提不起勁兒。

一七〇六年，富蘭克林（Benjamin Franklin）出生在波士頓，由於家境清貧，讓他無法完成正規的學校教育，斷斷續續的讀了一、兩年書，但他卻從其中體會到求知的樂趣。

「爸爸，不能求學沒關係，如果能當船員，到處去看看，一樣能增長見聞。」富蘭克林對大海充滿憧憬。可是，爸爸拒絕他的要求：「不行，航海太危險了，你媽一定捨不得讓你去。」

富蘭克林無奈的聳聳肩，要不是想多賺點兒錢，他也捨不得離開這個溫馨的家庭。為了分擔家計，富蘭克林十二歲就跟著哥哥當學徒，到一家印刷廠工作。

這仍是一項呆板無趣的工作，每天做著機械化的動作，讓富蘭克林好無奈；不過，藉由工作的機會，富蘭克林認識不少書店的老闆，他開始大量的接觸書籍，也讓眾人對這個求知欲強烈的年輕人印象深刻。

「哥，我想要到大城市去闖一闖。」「離開家？你不怕吃苦嗎？」「男兒志在四方，總不能永遠依賴你。」於是，十七歲的富蘭克林到費城，終於體會到人海茫茫，舉目無親的滋味。所幸這小小的困難並未擊倒富蘭克林，他找到一份印刷廠的工作。

由於富蘭克林待人誠懇，工作認真，所以老闆器重他，連同行都對他刮目相看。這段期間，他閱讀大量的書籍，增進不少知識，也讓生澀的文筆有了進步。

這時候的北美十三州尚未獨立，仍受母國英國的統治。富蘭克林認為母國的文化水平較高，便決定到英國去發展。來到英國印刷廠，富蘭克林發現工人的嗜好竟然是喝酒。「喂！你不懂啦！多喝幾杯才有力氣幹活兒啊。」「哈哈！這個來自北美的小子每天只喝水，真是太奇怪了。」富蘭克林皺眉不發一語，整天待在酒氣逼人的環境中，忍受大家的嘲諷。

後來，富蘭克林回到費城，隨著光陰流逝，他的奮鬥有了成果。他開了一家印刷廠，還創辦報紙，在出版界開始嶄露頭角。北美雖然有報紙，但是品質不佳，不只是印刷不清，其中刊載的文章也是良莠不齊，因此備受讀者的批評。富蘭克林以豐富的印刷經驗，改善了印刷技術，更提升了內容水準，很快的便打開市場，也為自己賺進不少財富。

富蘭克林出資成立了消防隊、孤兒院，在社區蓋了圖書館，鼓勵大家捐書、讀書，又組織了讀書會，時常和眾人一起探討民主政治的真諦。

「歐洲啟蒙運動的思想家提出許多真理，值得我們刊印在報紙上廣為宣傳。」「主權在民就是指政府的施政應該要取決於公共意志，以民意為依歸，而不是君主個人獨斷獨行。」「沒錯！洛克所提出的『天賦人權』，強調政府有義務保障人民與生俱來的生命、自由、財產權利；如果政府做不到，人民甚至可以推翻這個政權。」「可是，我們身為殖民地，處處受到母國的經濟剝削及政治迫害，想要爭取人權，又談何容易啊！」富蘭克林在讀書會中和眾人討論的理念，正是當時盛行的「啟蒙思想」，他們的想法和言論處處充斥著對英國的不滿。

一七七六年的七月四日，經由富蘭克林和華盛頓等多人的倡導，北美十三州終於決定要掀起「獨立戰爭」，並由富蘭克林和傑弗遜等五人撰寫《獨立宣言》，向世人宣告這場聖戰的目標，日後美國獨立成功，便將這天定為國慶日。

富蘭克林不只是筆鋒充斥著感情，他的口才也充滿了智慧。華盛頓派他遠赴法國爭取奧援，他成功說服了法王路易十六，獲取法國外交、軍事等多方面的協助；之後又得到西班牙、荷蘭等國的支持，使北美對英國的戰役中，宛如是如虎添翼。富蘭克林的成就不只是在文學和政治領域，他的興趣廣泛，對事物的研究極具熱忱，其中最有名的，就是他和兒子在大雨中測試雷電的實驗事例。

富蘭克林對電學已經做了六、七年的研究，這一次，他要測試天空中的閃電，是否會和人造電一樣，也有著正、負之分。所以，他利用不會被雨水毀損的絲綢做成風箏，在風箏線上串著鑰匙，經由導電的效果，果然證明了他的理論；其實，進行這個實驗是非常危險的，還好富蘭克林父子兩人都很幸運，沒有遭到雷擊，否則後果真是不堪設想。

富蘭克林的成就是多方面的，他在自傳中表現出不凡的文學造詣，又喜歡從事科學實驗，研發出節省燃料的火爐，設計了避雷針。政治方面，他曾擔任駐法大使、賓州州長，又為美國政府改進郵政服務，還創辦了賓州大學，他的貢獻真是太多了。但即使是事業有成，富蘭克林的生活卻一直保持清靜儉約，他終其一生不斷的追求進步，在一七九〇年去世。

民主鬥士拉法葉

拿破崙失敗後，政壇再度掀起風暴，拉法葉不改初衷，繼續宣揚自由民主的理念。

金碧輝煌的凡爾賽宮裡，接續著一場場宴會。國王、皇后和貴族們光鮮亮麗，品嚐美食、美酒，他們根本不能體會平民百姓過得多麼困苦。

當時的法國社會分成三個階層，其中貴族和教士享有不用納稅的特權，所以國家的財政負擔全落在平民身上；再加上皇室奢侈揮霍，平民怨聲載道，隨時都有爆發衝突的可能。

拉法葉（Lafayette）就生長在這個動盪不安的時代。一七五七年他出生時，父親已經戰死沙場，母親含辛茹苦的撫養他，也教育他做個正直勇敢的人。有一年冬天，拉法葉拿起獵槍，偷偷溜出住屋，準備去森林裡對付大野狼。「求求你們，快救救我的孩子。」當母親發現拉法葉不見了，立刻拍打鄰居的木門請求搜尋。因為，拉法葉只是一個十歲的孩子。

拉法葉終於被鄰人在樹叢中尋獲。母親摟著他喜極而泣，對他的冒失並未責罰，只是肯定的告訴他：「孩子，如果你認為逞一時之快的行為是勇敢，那就錯了！勇敢不是給他人帶來痛苦或困擾，而是去解除別人的苦難，你明白嗎？」「媽媽，我只是想保護你和鄰居，所以要殺死大野狼。」拉法葉的與眾不同此時已經顯現。

第二年，拉法葉前往巴黎進入軍校。他是個沉默用功的學生，從來不參加舞會，也不輕易與人衝突相鬥，他一直記得母親在樹林裡說的話：「勇敢必須搭配思考和自我節制，而不是逞勇鬥狠。」他喜歡研讀戰略方面的書籍，對馬術和劍術特別有興趣；此時，拉法葉也注意到法國本身的局勢，在「啟蒙運動」的倡導下，人民的怒吼一觸即發，處處充斥著山雨欲來之前的緊張。

西元一七七七年，二十歲的拉法葉，認為英國對北美十三州的殖民統治極為不當。「如果北美能夠獨立成功，將是舉世熱愛自由人士的一大福音啊！」拉法葉深受「啟蒙運動」的影響，決定遠赴北美，支持他們的獨立戰爭。不過，英國對他發出通緝令，好在他成功的偷渡到了北美，不久便見到華盛頓。

華盛頓對這個遠道而來的年輕人頗為好奇，禮貌的詢問：「不知你有何見教？」拉法葉則是恭敬嚴謹的回答：「我是前來效命的，不敢有所指教。」此時華盛頓所率領的「大陸軍」極需支援，拉法葉以專業知識協助華盛頓，建立不少戰功，還被授命為特使，返國爭取援助。一七七八年，他從北美啟程返法，英國在海上布下天羅地網，想要逮捕拉法葉，幸好他機警的逃脫，第二年率領著一支六千人的法國軍隊前來。一七八一年的約克城（York Town）之戰，拉法葉和華盛頓合作無間，迫使英國宣布投降，北美十三州的獨立戰爭終於結束，拉法葉成為美國建國英雄中的外籍人士。

美國獨立後，拉法葉返回法國。此時國內財政困難，人民對專制王權的統治恨之入骨，拉法葉建議採行美國的共和制度，將君主專制改成君主立憲，但是不被皇室接受。一七八九年大革命爆發，法國從此陷入長期的動盪不安。

憤怒的群眾在七月十四日攻陷巴士底監獄，之後這一天便被定為國慶日。拉法葉支持平民代表所組成的「國民會議」，還設計出藍、白、紅三色徽章的軍帽。後來，這三種顏色便成為法國國旗上代表自由、平等、博愛的三個象徵。拉法葉又被任命為國民保衛軍總司令，致力於穩定秩序，減少殺戮，可惜事與願違。

數月之後，國王路易十六和皇室都被暴民所控，監禁在巴黎的一座古堡裡。大革命使全國陷入動亂，拉法葉欲振乏力，沉痛的表示：「我們要的是改革而不是革命，如今巴黎彷彿是一座更大的巴士底監獄，人民拘捕國王就是知法犯法。」拉法葉對皇室的忠誠，被解讀成反對民主，逼得他四處逃亡，既要面對普魯士派來撲滅革命的軍隊，又要躲避法國派出的警騎搜捕，最後被關進普魯士的戰俘營。

一七九三年，路易十六慘遭斬首示眾，法國陷入恐怖統治時期。拉法葉的家人被冠上反革命的罪名陸續被殺，他的孩子淪為街頭乞丐，拉法葉聞之痛心疾首。可是，當普魯士國王召見他時，拉法葉卻拒絕了國王的要求。「陛下想要釋放我的恩情，我無以回報；但要我率軍進攻法國，屠殺我的同胞，這種交換條件我是絕不接受的。」拉法葉對祖國的忠誠，換來國際輿論的支持，直到一七九七年他才獲釋。

受到革命洗禮的法國依然不肯接納他，將他視為忠於皇室的守舊派，他只好流亡到丹麥。拿破崙執政後，對拉法葉十分敬重，美國國會也致贈了金錢和土地讓他定居，但拉法葉對政治改革充滿期待，不以自身利益為優先考量，他對拿破崙稱帝恢復專制深感痛心。拿破崙失敗後，政壇再度掀起風暴，拉法葉不改初衷，繼續宣揚自由民主的理念，可惜新任國王路易腓利重蹈覆轍，拉法葉便退出國會，在一八三四年抱憾以終。

拉法葉生不逢時，如今美國白宮附近有拉法葉公園；巴黎有拉法葉百貨公司，海軍也有以拉法葉命名的軍艦，來紀念這位民主的鬥士。

種痘防天花——琴納

「如果把牛痘接種在人的身上，是否可以產生免疫的效果呢？」

天花是一種可怕的傳染病，染病後的死亡率極高，即使僥倖存活，患者的臉上也可能留下坑坑洞洞的疤痕，俗稱「麻臉」，造成患者心理永久的傷害。根據埃及的考古研究，距今三千多年以前的一具木乃伊，皮膚上就有天花結痂的痕跡。而印度則是在西元前六世紀時，就有關於天花的紀錄。

隨著交通路徑的發達，天花也跟著人們的腳步四處蔓延，例如：哥倫布在一四九二年發現美洲以後，這塊淨土隨之淪陷。西元一五一九年西班牙大舉入侵中美洲的墨西哥，造成當地在一五五五年爆發天花大流行，全境一千五百萬人口中就死了三百萬。

根據中國的史料記載，早在十六世紀的明朝，民間已經流傳著疫苗接種的祕方了。在中國安徽一帶，有人從病症輕微的天花患者身上，取出膿瘡部位的稀漿，稱為「痘苗」，塗抹在健康的人們身上，這樣就能在初步感染天花後，獲得終身免疫，讓天花不再上身，這叫做「人痘接種」。

這種原始的種痘方式，最困難的就是如何保存痘苗，因為如果痘苗失去毒性，接種後的效果就會大打折扣。所以，後來清朝張琰在《種痘新書》中，便詳細記載痘苗的保存方法，而且隨著季節不同，方法也會不同。張琰曾估算過，經由他接種痘苗的約有八、九千人，其中接種失敗而染病的只有一、二十人，可見成功率極高。可惜未見公諸於世，以致於世界醫學史上缺乏此一發明成果的記載。

到了十八世紀，人類飽受天花的肆虐更甚，亞洲地區每年有八十萬人死亡，歐洲也有五十萬人之多，甚至連尊貴的皇室也無可倖免，例如：法王路易十五、英王瑪麗二世、德皇約瑟一世、俄皇彼得二世等人，都遭到天花的感染。中國清朝的順治皇帝也是死於天花，當時稱為「出痘」。皇室為了避免感染擴大，還把王儲玄燁帶到紫禁城外，不准他與父親見上一面，玄燁即位後即是康熙皇帝。不料玄燁還是在劫難逃，好在他福大命大，總算沒有因為天花而喪命。

康熙皇帝在位時，非常希望及早研究出防治天花之道，以杜絕這種可怕的傳染病。在朝廷的支持下，痘苗的研發和接種都有不錯的成效。康熙帝曾言：「朕得種痘方，諸子女及爾等子女，皆以種痘而無恙，今邊外各旗以及喀爾喀諸藩，一律種痘。」康熙二十七年（西元一六八八年），俄國還派人到北京學習，並且將這種技術傳入土耳其等地。

之後的英國駐土耳其大使夫人，又將痘苗接種法傳到英國，再經過醫生琴納（Edward Jenner）的改良，終於在西元一七九六年，成功發展出更有效的接種方法，那就是牛痘。

琴納出生在英國一個牧師家庭，從小對醫學就有興趣，十三歲嘗試跟著醫生見習，二十六歲大學畢業返鄉，一面在家鄉行醫，一面研究治療天花的方式。

琴納挨家挨戶的訪問，統計感染天花或是痊癒後留下麻臉的人數，他驚訝的發現，牧場裡擠牛奶的女工，竟無一人感染天花。「你們的工作為什麼可以預防感染呢？」琴納問道。「我們不懂什麼是感染，也不知如何預防；但是牛的身上也會出現一些小膿疱，我們隨口把它叫作牛痘。因為我們跟牛隻接觸，自己不免也起了小膿疱，不過症狀很輕微，幾乎沒什麼不舒服的感覺，然後就像你所說的不會得天花了。」

女工的說明讓琴納大為振奮。「如果把牛痘接種在人的身上，是否可以產生免疫的效果呢？」琴納從一七九六年的五月十四日開始實驗，這是人類醫學史上一個值得紀念的日子。

琴納從一個牧場女工手上取出微量的牛痘疫苗，接種到一個八歲男童的胳臂上，第二年琴納又做了一次，這個男孩果然不再感染天花。

琴納興奮的向縣醫學會作報告。可是，很多人愚昧的以為：「把牛身上的東西移植到人身上，人就會長出尾巴和牛角。」教會也發表聲明：「接觸牲畜就是褻瀆了造物主。」還有報紙誇張的扭曲事實：「有人接種了牛痘，不久身上開始長毛。」琴納的研究報告〈牛痘的成因與作用〉，竟遭到英國皇家學會的拒絕。「也罷！你們不肯刊登，我就自己花錢印行作宣傳吧！」琴納並未因此灰心喪志。

雖然飽受詆毀，但琴納一次次實驗的證明，終於讓他得到認同。一七九九年，琴納的名聲傳遍世界，他獲得無數榮耀，也帶給全人類福音，英國特別成立了「琴納皇家學會」，讓他全力投入研究，人類終於戰勝了天花。

一九四八年聯合國的世界衛生組織成立後，天花被列為第一個急需控制的疾病。之後各國陸續投入了三億一千三百萬美元，七十多國人民接受疫苗的接種。中國在一九六一年已是天花絕跡的地區，而全世界最後一個感染天花的病人，是非洲索馬利亞的一名廚師。所以，一九七九年的十月二十六日，是世界上最後一個天花病例的日期，天花已經徹底遠離了人類的舞台。

拉馬克的演化論

他是最早提出「物種改變」的學者，抓住了演化學的精髓，啟發了日後的學者。

西元一八三一年，二十一歲的達爾文隨著英國皇家海軍的艦隊，展開歷時五年的發現之旅。這次航程使達爾文悟出大自然演化的道理，寫下《物種原始》一書，之後他陸續發表了一系列相關的論文，讓全球的科學界震驚不已，也讓達爾文從此享有盛名而歷久不衰；面對這些讚美及掌聲，達爾文卻謙虛的表示，拉馬克才是生物演化論的先驅，只可惜如今又有多少世人會記得拉馬克呢？

拉馬克（Lamarck）出生於一七四四年法國南部的一個小農村，他在十一個兄姊中排行老么，為減輕家裡的負擔，他自願到軍隊裡謀生。可是，拉馬克的身體不夠硬朗，難以應付軍中繁重的操練，不到二十五歲便結束軍旅生涯。

拉馬克天資聰慧，雖然書讀不多，卻能觸類旁通，靠著自修學習不少知識。這時候，他在銀行裡覓得一份工作，收入微薄卻還穩定，閒暇時便鑽研植物學和醫學的相關知識，日子過得倒也安適自得。拉馬克的朋友布朗一直默默鼓勵他，兩人相知相惜。這段期間拉馬克雖然擁有不少研究心得，卻苦於缺乏資金印行發表，布朗二話不說，毫不吝嗇的解囊相助。

十年後，拉馬克出版了《法國植物誌》，果然大受好評，這讓他信心大增，更加專注於研究工作；不久，他應聘為法國皇家植物園內的研究員，這正符合拉馬克個人的興趣，讓他更積極努力。一七九三年，植物園升級為博物館，五十歲的拉馬克因為學養豐富，獲聘為昆蟲學系的教授。

當時的人們，甚至學術界對昆蟲所知有限，拉馬克首先把昆蟲定名為「無脊椎動物」，又把甲殼類昆蟲和蜘蛛（節肢動物）獨立於一般昆蟲之外，至於人類，則是「脊椎動物」之一，這可是科學界第一次看到「脊椎動物」這個名詞。

拉馬克無疑是這方面的專家，所以達爾文稱讚他是：「生物學領域中最早的創始者。」可是，拉馬克對生物演進的一些觀點，卻在學術界引發了軒然大波。

「現在，我們就以長頸鹿為例。」拉馬克緩緩說道：「古代的長頸鹿可能都是短頸的物種；但是，牠們為了要吃到樹枝頂端的嫩葉，必須努力的伸長脖子，久而久之，牠們的頸部變長了，經過好幾代的演變，長頸鹿的脖子就變成今天我們所看到的樣子了。」

拉馬克又提出另一番佐證：「深海裡的魚類並非沒有眼睛，而是長期生活在深海中，根本感受不到光線的刺激，歷經幾代的演變，眼睛的功能便逐漸退化了。因此，我把這種生物隨著環境的轉變過程，稱之為『用進廢退說』。」

儘管拉馬克首先提出「生物學」這個名詞，也是第一個從事演化研究的學者，可是他的「用進廢退說」始終受到質疑，使得他終生埋首於工作，卻又始終與貧窮奮鬥。

一八〇九年，拉馬克發表了重要的研究心得《動物哲學》兩大冊，結果竟是乏人問津！

「環境的變動會改變生物的需求，進一步造成生物行為的改變，因此，生物身體上使用越頻繁的部位會越發達，不使用的部位則會退化。」這是拉馬克一貫的堅持。

支持拉馬克的人回應：「沒錯！就好像人類是由靈長類進化而來一樣，原本和猿猴一般，存有尾巴這個部位，但因為長久不用，尾巴毫無功能可言，自然就消失不見了。」

可是，反對拉馬克的勢力更加龐大，特別是達爾文「物競天擇，適者生存」說法造成轟動之後，拉馬克便成為眾矢之的，遭受無情的批評。「拉馬克簡直是荒謬極了！達爾文的理論才是正確的，達爾文認為古代的長頸鹿脖子長短不一，經過競爭與天擇，脖子短的長頸鹿被淘汰，只有長脖子的長頸鹿存活下來，此種特徵遺傳給後代，所以今天的長頸鹿都是長脖子的物種。」

無情的奚落和嘲諷，讓拉馬克晚年貧病交迫，病逝時身無分文，還得仰賴社會救助才完成喪禮，令人鼻酸的還有他的屋內散落著數百本賣不出的著作，終其一生的心血結晶終將化為灰燼！

相較於達爾文「天擇說」的成功，拉馬克的「用進廢退說」的確有些瑕疵。但不可否認的，他是最早提出「物種改變」的學者，他的研究抓住了演化學的精髓，因而啟發了日後的學者，在他所奠定的架構上從事探究。或許，達爾文在著作《物種原始》序言中的幾句話：「拉馬克的學說，是這個領域中最早受到注意的，他大膽的指出，所有物種包括人類，都是由其他生物演變而來，這項卓越的研究引發眾人對生物演變的興趣，而且肯定演變都是遵照自然的定律，絕非神奇力量的介入，拉馬克確實令人佩服。」這才是對拉馬克最公道的評論吧！

數學王子高斯

繪製出人類第一張地球磁場圖，被譽為德國的「數學王子」。

「同學們，別吵了！安靜下來算個題目，老師要看看誰最厲害。1+2+3+4+5+……+100，有誰知道答案是多少？大家加油。」老師把題目一寫出來，小朋友可真是傷透了腦筋，搞了好半天，沒有一個人能算出答案。只有高斯早就氣定神閒的把答案寫在紙上，等著老師來批改。

「高斯，你怎麼會知道正確答案是5050？」「老師，我是用『組別合成』的計算方式。因為，1和100、2和99、3和98，依此類推，它們相加的結果都是101；這一百個數字可分成五十組，所以將50×101＝5050，就是答案了。」高斯的回答讓老師震驚不已。因為他還只是個年僅十歲的小學生。

西元一七七七年出生在德國的高斯（Gauss），是個窮人家的孩子，父母親都以打零工為生，沒有受過正規的學校教育，也不認為教育有多重要，他們只希望孩子能平安長大，趕快賺錢分擔家計。

高斯有個舅舅倒是與眾不同，他手巧心細，喜歡研究問題，雖然也沒受過幾年教育，但靠著自己摸索，他對加減乘除的演算頗有心得，並且把這套功夫教給高斯，使小小年紀的高斯就懂得操弄數字遊戲，還幫著母親計算家裡的收入開支呢！

「吃完飯就趕快去睡覺，別浪費燈油了。」父親知道高斯喜歡讀書，經常徹夜研讀，為了省錢而不准高斯熬夜。不過，高斯怎麼捨得把書本擱置在一旁而呼呼大睡呢？他利用粗棉線自製燈芯，再塗抹一些油脂當燃料，靠著微弱的光線，他依然自得其樂。因為，讀書做研究是他覺得最愉快的事了。

高斯進入小學沒多久，老師就發現他具有邏輯思考的特殊能力，便自掏腰包買了不少書籍，讓高斯去研讀深思，由於老師的鼓勵，高斯對研究數字的計算更有興趣了。

有一天，高斯漫步走回家去，一邊專心思考著一道題目，竟不知不覺走進一間城堡的前庭。「喂！你這個小鬼怎麼私自闖進來？還不快滾！」面對僕役的驅趕，高斯似乎是充耳不聞。

原來，這是貴族布倫斯維克公爵的家。

「別這麼粗魯，他只是個孩子。」公爵夫人態度慈祥，拉著高斯的小手在庭院邊走邊談。公爵夫婦和高斯深談後，發現他年紀雖小、個子雖矮，腦子裡的知識可真不少。

「嗯！這是個人才，如果埋沒了實在可惜。」於是，他們決定給高斯經濟支援，讓他有機會接受更完整的教育。

在公爵夫婦的幫助下，高斯一路升學無礙，十五歲時進入德國有名的大學讀書，鎮日埋首在書香的薰陶，讓高斯如魚得水，也讓他研發出不少數學公式，他整理成《算學研究》一書，並在二十四歲時出版。

「高斯，你的研究成果有八章，怎麼只出版了七章？」同學不解的問道。高斯無奈的聳聳肩苦笑著。因為缺乏經費，他捨棄了研究報告中的部分內容，他可不想凡事都跟公爵夫婦伸手要錢，那畢竟不是一件光彩的事。

除了數學領域，高斯對天文學也有獨到的見解，而且許多理論都極具睿智，這使得他名聲遠傳國外，連俄國都久仰他大名而決定提供薪資，敦聘他為聖彼得堡科學院的院士。

「我們的人才怎麼可以外放到他國？」「是啊！高斯的聰明才智如果貢獻給別人，那真是我們的一大損失呢！」公爵決定提供更豐厚的研究經費，讓高斯留在德國專心的工作。

高斯果然不負眾望，他的研究成果是驚人的。在缺乏計算機等輔助工具的情況下，他經常計算數字到小數點後的二十多位，而且極少出錯，他將許多研究成果匯集在《天體運動理論》一書中。

一八三三年，他還研發出人類的第一架電報機。到了一八四〇年，他和助手一起繪製出人類第一張地球磁場圖，正確的標示出地球的磁南極和磁北極的位置。

除了數理領域的鑽研，高斯對語文方面也極有興趣，他喜歡閱讀英文小說，還在兩年之內學會了俄文，甚至可以流利的跟俄國學者交談呢！

對於眾人的稱讚，高斯謙虛的表示：「我對生活的要求不高，所說的話也不多；我認為沒有把握的理論就不公布，一旦發表成果，就一定要資料正確成熟，才能與眾人共享。」高斯即使名滿天下，他對物質的享受毫不講究，一如他幼年時的清貧生活，高斯可以怡然自得，因為，心靈上的豐收，已經超乎了一切。

高斯先後結過兩次婚，育有六個子女。第一任妻子因病去世，讓高斯悲痛不已。因為，妻子病重之際，高斯正忙於學理研究而無心照顧，甚至難以分身陪伴她走完人生的最後一程。好在後來他又娶了前妻的好友，她是個溫柔嫻慧的女子，彌補了高斯的喪妻之痛。

高斯在一八五五年去世，被譽為德國的「數學王子」。正如慕尼黑博物館在他畫像陳列處所做的讚許：「這個偉人的思路深入數字、空間、自然界的最深奧之處，他測量星星的路徑，地球的形狀和大自然的神祕，更推動了下個世紀數學的進展，我們以他為榮。」

浪漫詩人 拜倫

一百五十年後，他的才華終獲肯定，在西敏寺和大文豪莎士比亞為鄰。

「夫人，恭喜啊！是個好可愛的小男嬰呢！」醫生將剛出生的小寶寶抱到拜倫夫人凱薩琳的面前，成為母親的喜悅讓她流下欣慰的淚水。

可是，一想到不負責任的丈夫，以及往後撫育孩子的責任，她忍不住失聲痛哭。「夫人，別傷心啊！小男嬰和上尉容貌神似，甚至更優秀！」不知情的醫生一旁安慰著，卻使得拜倫夫人百感交集，越發難過，但她努力振作心情，並將孩子命名為喬治・戈登・拜倫（George Gordon Byron）。

小拜倫的父親拜倫上尉原是貴族，因家道中落無所事事，卻不改豪奢習性，以致一事無成。由於他容貌俊美，口才流利，仗恃著這種優勢開始玩弄感情；第一段婚姻維持不到五年，就把錢財揮霍殆盡，妻子羞憤而死，留下一個獨生女，被帶到外婆家撫養，拜倫上尉從此不聞不問。

不久，拜倫上尉再婚，目的是貪圖新娘豐厚的嫁妝，一旦錢財到手，貪婪陰狠的本性便顯露無遺。這個苦命的新娘，就是小拜倫的母親凱薩琳。

凱薩琳出身貴族，如今卻被騙得人財兩失，帶著兒子在蘇格蘭過著清苦的生活，一想到音訊全無的丈夫，凱薩琳怒火中燒，說起話來是口不擇言，所以大家都不喜歡她，把她當作是毫無教養的粗鄙婦人。

其實拜倫的母親也有慈祥溫柔的一面，她喜歡說故事，讓拜倫深深的陶醉其中，暫時忘卻現實的殘酷；但是面對母親對父親的怨恨，造成拜倫對婚姻這件事產生疑惑，他懵懂的認為：「或許讓愛情滋潤生命，像故事裡的王子與公主一般，應該是更美好的人生吧！」

隨著歲月流逝，小拜倫長得聰明可愛，六歲就讀完了整套的《天方夜譚》，他是母親的驕傲；不幸的是，凱薩琳發現小拜倫走路的姿勢怪異，經過醫生診治，小拜倫的左腳微跛，而且無法治癒。

「我苦命的孩子啊！」凱薩琳心裡吶喊著。可是小拜倫卻未因此感到自卑，他努力克服肢體上的不便，還參加學校的棒球隊呢！拜倫十歲時，意外的繼承了一筆祖產，是家族中的伯祖父留給他的，因而改善了清貧的日子。

但是，擁有貴族血統的母子兩人卻不知量入為出，到了拜倫在劍橋大學攻讀時，生活已經陷入困境，並不時舉債度日，拜倫只好挖空心思找尋生財之道。

「唉，我到底可以做什麼呢？」文思泉湧的拜倫只好用筆來抒發內心激動的情緒，寫出一首首的詩篇。

一八〇七年，拜倫把精心撰寫的詩集《閒暇的時刻》公諸於世，不料卻受到藝文界嚴厲的抨擊。

「這個不知名的小傢伙寫的是什麼啊？」學者專家毫不留情的諷刺。

「你們太看不起人了，總有一天我會出人頭地，讓大家刮目相看。」拜倫已經立定志向。

拜倫化悲憤為力量，鑽研文學領域，使自己更成熟穩重，兩年後出版《英國詩人和蘇格蘭評論家》一文，對那些當初批評他的人宛如是當頭棒喝，終於讓大家見識到他的才華。

大學畢業後，拜倫已經小有名氣了，他決定暫別家鄉，到自幼嚮往的東方世界。

「孩子，旅行可以增長見聞；不過，時間不要太長，免得媽媽日夜掛念。還有，我一直在為你的婚姻大事操心，你自己也得有個打算啊！」凱薩琳望著兒子俊美的容貌，想到他諸多風流韻事的傳聞，不禁憂心忡忡。

只見拜倫一派瀟灑的回答：「媽媽別擔心，我只是去找尋靈感，很快就平安歸來；至於感情，那就隨緣吧！」

之後，拜倫在希臘完成《查爾德．哈羅遊記》，這本書的出版讓拜倫一夕成名。可是，就在他返回倫敦不久，母親因病去世，讓拜倫悲痛不已。

「還有誰能分享我的榮耀？和我共度喜怒哀樂？」拜倫痛哭流涕。「別太傷心，我們都知道你們母子相依為命。可是，你在這世上還有另一位親人，就是你同父異母的姊姊亞嘉斯坦，往後你們姊弟倆可以互相照應，你還不至於孤苦無依啊！」家族親友從旁勸慰著。

拜倫找到了這位同父異母的姊姊，此時姊姊已經成家立業，但因為相同的血脈，雖是初次相遇，兩人卻倍覺分外親切。「我早就聽聞你的大名，據說仰慕你的人很多，你何不選擇一位名媛結婚，也好早日安定下來。」亞嘉斯坦誠懇的建議。

拜倫果然認真的考慮，他在情海中沉浮多年，自己也覺得該收心了。於是，他和一位安娜蓓拉小姐結婚，婚後還生了一個小女娃。

或許是過於浪漫的天性使然，拜倫婚後仍不斷傳出緋聞，鬧得沸沸揚揚，甚至有人還謠傳他和亞嘉斯坦也有著不倫之戀。

「我再也不要忍受這一切了！」幾番激烈的爭吵後，安娜蓓拉攜女遠去，拜倫又是孤單一人。夫妻反目刺傷了拜倫的心，再加上對女兒的思念，讓拜倫非常痛苦，他不斷的嘗試挽救婚姻，尋回女兒，卻被安娜蓓拉指責為蓄意騷擾，還冠上和親姊姊有染的罪名。

儘管拜倫大聲疾呼，證明自己的清白，不過，大家對於這位翩翩美少年已經失去尊崇，過去好幾段戀情都是驚世駭俗，惹人非議的。如今妻子又指證歷歷，更讓拜倫百口莫辯，他只好把自己投入文學的殿堂，在創作中拾回昔日的手采。

但輿論的無情，讓拜倫無地自容。為了逃避社會異樣的眼光，拜倫決定前往他心中美好的境地——希臘，加入推翻異族土耳其人統治的獨立戰爭。深受啟蒙運動洗禮，充滿民主思想的拜倫熱情參戰，卻在一八二四年病逝於希臘，年僅三十七歲。

拜倫的作品在死後風靡全歐，成為浪漫派代表作家。但也因為他的特立獨行，拜倫的名字始終未被納入倫敦西敏寺；一百五十年後，他的才華終獲肯定，在西敏寺被安置了銅牌，和大文豪莎士比亞為鄰，受到世人永遠的緬懷。

蘇菲的數學世界

她最常激勵自己的座右銘：「我的成功關係到所有女生的權益，所以我不能不努力。」

小小年紀的蘇菲癡癡的望著牆壁，對她而言，「面壁」似乎是一項有趣的事，甚至還超越一般小女孩所喜愛的遊戲呢！不過，蘇菲可不是在「面壁思過」或是單純的發呆喔！因為，蘇菲一邊凝視著牆壁，腦子裡可是一邊在思考呢！

原來，牆面的壁紙上寫有許多希奇古怪的數學公式，蘇菲對這些公式好奇不已，她想好好的研究一番，即使是一知半解。

一八五〇年，蘇菲・柯瓦列夫斯基（Sofia Kovalevakaya）出生於莫斯科，父親是退休的軍事將領，出身是匈牙利貴族。蘇菲的母親家世也不錯，所以蘇菲和姊姊從小便接受完善的教育，也在溫馨的家庭氣氛中成長。

蘇菲的舅舅學識淵博，她的姊姊喜歡聽舅舅說故事，蘇菲卻經常纏著舅舅要他解說數學公式，在她小小的心靈裡，似乎已經對數學產生無比的興趣。

與西歐的國家相比，這時候的俄國顯得保守而落後，蘇菲所住的莊園需要整修，可是，市面上卻買不到足夠的壁紙。

「我留著這些數學講義也沒用，就拿來糊牆壁吧！」蘇菲的父親把年輕求學時的心血結晶掏出來，心裡不免幾許惆悵，他萬萬沒想到，年幼的蘇菲竟然對講義裡的內容產生興趣，不是對著牆面冥想，就是用手在空中勾畫計算著，似乎還真是樂趣無窮。

「這孩子天賦異稟，應該好好栽培。」蘇菲的父母親經常討論著。蘇菲到了十四、五歲時，已經在數理的見解上表現出超齡的成熟。「孩子，你真的看得懂這些幾何圖形和公式嗎？」「爹地，我已經學過！就是那些糊牆紙嘛！現在再經由老師指點，我就了解啦！」蘇菲撒嬌的回答，讓父親頗感驕傲，他決定送蘇菲到聖彼得堡去學更高深的數學；不過，由於俄國的民風過於保守，蘇菲的求學之路走得艱辛，讓父母親心疼又無奈！

像蘇菲這樣的人才，竟然無法進入大學讀書，原因是俄國大學拒絕女生入學！

「現在唯有出國一途，可以突破困境。」「可是要如何申請出國呢？」「我有一個朋友藉著『假結婚』的名義，跟丈夫離家，就可以用妻子的身分順理成章的出國了。」蘇菲姊妹倆仔細的推敲商議，終於在一八六八年離開俄國，此時，蘇菲名義上的丈夫叫做柯瓦列夫斯基，在莫斯科大學研究古生物。

離開父母的呵護讓蘇菲很難過，好在丈夫的溫柔化解了這份傷感，蘇菲和他日久生情，兩人禍福與共。他們來到德國的海德堡，蘇菲如願以償的進入海德堡大學，在三年中修畢數學、物理、化學、生理學的課程，接著轉赴柏林，想要跟隨數學大師卡爾．維爾斯特拉斯教授學習。

「堂堂柏林大學竟有性別歧視，拒絕女生入學！」蘇菲怒不可遏，乾脆直接去找教授。

「讓我瞧瞧你的真本事！」教授和藹的說道。然後仔細考量了蘇菲的程度，發現蘇菲絕非一般人，他決定和校方商議，盡力安排蘇菲入學。

「很抱歉，敝校基於傳統，一律不收女學生。」教授的話讓蘇菲好失望；不過，教授接著表示：「難得看到像你這麼優秀的人才，我願意單獨指導你數學。」於是，蘇菲在每個星期日的下午，跟著教授專心的研究數學，即使日子過得清苦，蘇菲的心裡卻充滿喜悅。

到了一八七四年，根據蘇菲提出的論文報告，和卡爾．維爾斯特拉斯教授的推薦，二十四歲的蘇菲拿到德國哥廷根大學的哲學博士學位，這份榮耀讓蘇菲倍感喜悅；不過，蘇菲卻無法因此而謀得教職，因為，當時的人們認為，讓一位女士在講堂上授課，而男學生坐在席間聽講，那是一件羞恥又難堪的事！

蘇菲無奈的和丈夫返回俄國，丈夫立刻在莫斯科大學擔任古生物學的教授，蘇菲只能賦閒在家。才華洋溢的蘇菲不甘寂寞，她嘗試在報章雜誌撰寫專欄和散文，當然免不了大力鼓吹男女平等的思想。蘇菲在一八七八年當了母親，女兒的誕生賜予她新的力量，但家裡的經濟日漸走下坡，因為丈夫一連串的投資都失敗了，家裡的錢根本不夠生活。於是，蘇菲請卡爾・維爾斯特拉斯教授幫忙想想辦法。

卡爾・維爾斯特拉斯教授果真替蘇菲在德國找到工作，讓她有穩定的收入，但不久卻傳來蘇菲丈夫過世的不幸消息！悲痛的蘇菲度過了四天不吃不喝的日子，當她從昏迷中被女兒叫醒時，她想起自己為人母的責任。「孩子，不要哭，媽媽一定會振作好好保護你。」此後，蘇菲藉由數理研究來化解悲傷，沉浸在知識領域中以忘卻憂愁。

蘇菲的努力，讓她在同年獲得瑞典斯德哥爾摩大學講師的資格，這可是破天荒的大事，當地的報紙熱烈的報導這位成就非凡的女性！蘇菲在數理研究上的表現傑出，讓原本輕視她的人佩服得五體投地。她提出許多心得和報告，遠遠超越了男性，終於升等為正式教授，她最常激勵自己的座右銘就是：「我的成功關係到所有女生的權益，所以我不能不努力。」

一八九一年時，蘇菲因為流行性感冒而病逝，雖然沒回到俄國，但是她短暫的生命卻為俄國的科學史妝點出亮麗的一頁。

安徒生的童話王國

《人魚公主》裡的主角美人魚癡情執著，彷彿是安徒生對寫作的癡狂。

「受盡他人訕笑和譏諷的醜小鴨，如今蛻變成一隻美麗的天鵝，昂首闊步的走在前方，大家不時投以驚豔欽羨的目光，讓醜小鴨不再低頭瑟縮……」這是童話名著《醜小鴨》的故事內容。其中的經過轉折，和作者安徒生的一生，倒是有幾分神似之處。

西元一八〇五年，安徒生（Hans Christian Anderson）出生在丹麥奧登賽小鎮的貧民區，他的父親是個鞋匠，身體不好，收入不豐；母親幫人洗衣打掃，為了照顧丈夫和維持家計，她經常愁眉不展。安徒生還有一位年邁的祖母，一家人的生活雖然窘迫，但家庭氣氛倒是和樂融融，尤其是慈祥的祖母，喜歡和安徒生說些床邊故事，讓安徒生經常陶醉在夢幻般的情節中。

在安徒生幼小的心靈裡，對那些故事總是充滿著好奇。「如果那是真的該有多好……」母親看到安徒生缺乏玩具，就催著丈夫利用零碎的木頭，刻製幾個小木偶，安徒生用幾塊小花布，給他們穿戴成衣裳，並不時的為他們編排些對話，安徒生一個人便能興高采烈的玩了起來。

等到安徒生認字以後，他極盡可能的向鄰居借書閱讀，大家都知道這一家出了個好讀書的孩子，可惜因為家境困窘，安徒生只能斷斷續續的接受學校教育。

安徒生十歲時，父親去世了，家裡的經濟狀況更糟，安徒生只好四處打工，以微薄的收入貼補家用。他擔任過鐵匠和裁縫的學徒，也吃盡了苦頭。有一天，哥本哈根劇團來到小鎮公演，海報上介紹著精采的節目內容。安徒生回想起以前和父母在一起，聆聽大人們講故事的美好時光，因此啟發他想要從事表演的慾望。

安徒生知道母親會擔心他一個人出外發展的安危，因此去請教懂得卜卦的老婆婆，聽聽看她怎麼說。不知是巧合還是占卜靈驗，老婆婆推測安徒生未來將在外地大展鴻圖，然後衣錦還鄉。於是安徒生十四歲時，便帶著簡單的行囊，和一點點零用錢踏上旅程。

安徒生在哥本哈根應徵劇團工作被拒，為了維持生活，只好學做木匠。這段期間他結交不少朋友，也得到貴人相助，大家都很喜歡他純樸善良的個性。後來他進入收費較低的教會學校，發揮吃苦耐勞的精神，努力讀書，吸收不少知識。

好不容易可以進入學校就讀，安徒生為了專心課業，不喜歡與他人打交道，被同學們誤以為是高傲自大；安徒生不在乎外界的眼光，他永遠是圖書館裡書籍借閱排行榜的第一名，讓人不得不佩服他的毅力。

安徒生一直嚮往劇團生活，他決定嘗試劇本創作，一八二九年發表了第一篇小說，可惜未能獲得青睞。這時有人勸他改寫童話故事，沒想到竟然一炮而紅，那就是他在一八三三年所發表的《人魚公主》。

《人魚公主》裡的主角美人魚癡情執著，彷彿是安徒生對寫作的癡狂，不論任何困難險阻，永遠無法澆熄他的這份熱愛。讀者們深深的被《人魚公主》所感動，安徒生也逐漸打響知名度，成為家喻戶曉的作家。

有了充足的經費，安徒生嘗試以旅行搜尋靈感。「只有在旅行中，我才覺得自己變得充實而有活力。」之後的四十年期間，安徒生安排了二十多次的旅行，擴大了他的眼界，也結識更多文壇巨匠。例如：他在一八四七年認識了英國的寫實派作家狄更斯，兩人相談甚歡，安徒生離去時，狄更斯還依依不捨的為他送行。

安徒生的聲望日隆，一八四八年獲得丹麥和瑞典國王雙雙頒贈的「騎士勳章」，三年後成為丹麥的教授，一八六七年更成為家鄉奧登賽小鎮的榮譽市民，此後他的榮光不斷，直到他在一八七五年病逝之前，還榮獲「國務參事」的頭銜。

安徒生終生未婚，並沒有養兒育女，可是他卻能以兒童的同理心，寫出一百七十多篇童話故事。他的用字淺顯，語句生動，並且寓含哲理，篇篇都是老少咸宜的讀物。例如：《國王的新衣》、《賣火柴的小女孩》等等，都是陪伴許多孩子們成長的好朋友。

若論及當代最有名的童話創作者，安徒生之外，還有德國的格林兄弟。兄弟倆的作品雖然膾炙人口，卻著重於魔法、幻術等較不合理的情節轉換。例如：《灰姑娘》、《青蛙王子》、《小紅帽》等等；不像安徒生的作品，在人文關懷中展現赤子之心，以及生活體驗的鬥志。難怪印度大文豪泰戈爾曾說過：「安徒生創造太多不平凡的人物，製造太多驚奇，如果想要從事論文研究，就以安徒生為主題，保證能在趣味中獲益良多！」

安徒生去世後，他的家鄉成立了安徒生博物館，《人魚公主》的美人魚雕像，則是哥本哈根的地標；美人魚雕像在西元二〇一〇年還代表丹麥，在上海的世界博覽會展示會場，成為最耀眼的明星！

鐵路之父 史蒂文生

他不斷的研發與改進，堅信人類的歷史，將因火車的出現而發生重大變化。

英國是世界上最早建立完整民主政體的國家，尤其在十七世紀，歷經了「清教徒革命」和「光榮革命」，衍生出國會、兩黨和內閣的制度，使政治的發展日趨穩定，也促進經濟繁榮和社會進步。另外英國政府獎勵發明創作，間接的影響了十七世紀瓦特成功的改良蒸汽機，促使「工業革命」發生在英國，使得人類的生產方式發生遽變，人們已不再依賴有限的人力或獸力，改以能量無限的蒸氣引擎為動力，從此改變了人們的生活風貌。

十八世紀末的一七八一年，喬治．史蒂文生（George Stephenson）出生在英國北部一個靠近港口的小城——維蘭鎮，住在那兒的居民大多是礦工，史蒂文生的家庭也不例外。他父親的收入微薄，還要養活一大群的孩子，所以，史蒂文生和四個兄弟姊妹都沒錢讀書，目不識丁又無一技之長，只能靠出賣勞力來賺取工資貼補家用。

史蒂文生十五歲時進入礦場工作，一開始雖然只負責挖煤搬貨，卻累得每天都腰痠背痛、灰頭土臉，但史蒂文生從不喊苦，因為即使是微薄的收入，還是可以補貼家用。何況當時小小年紀的他，可是滿懷理想與抱負。

「我看你工作態度認真負責，從明天起，你就調到蒸汽機的部門去工作。」領班的一道命令，讓史蒂文生喜出望外，因為，在新部門工作時不僅省了許多力氣，還能學到許多見識，不必整天只和塵土為伍；不過，掌控機器的任務責任重大，連一丁點兒錯都不被允許，史蒂文生兢兢業業的工作，絲毫不敢大意。工作之餘，史蒂文生開始研究蒸汽機。

「這個結構怎麼運轉？」史蒂文生百思不解。這時候，有個好心的老員工告訴他：「孩子，有關蒸汽機的許多道理，唯有在書本上才能解釋得清楚，如果光靠你自己天馬行空的想像，怎麼可能會有答案？」

史蒂文生驚覺知識的重要，他沒受過教育，連字也不認得幾個，於是，他開始把工資存起來買書，再利用休息的時間讀書，花費比別人多了好幾倍的功夫，但為了理想和目標，史蒂文生孜孜不倦全力以赴。一段時間後，他已經可以閱讀機械方面的專書了，而機會正悄悄降臨在肯努力的人身上。

有一天，礦場的一具抽水引擎發生故障，因為一時之間找不到工人修理，全場便陷入停工的狀態。只見領班急得團團轉，一群工人卻席地而坐開始閒聊休息。「正好坐下來喘口氣！」「是啊！不用工作也有錢拿，還真不錯呢！」工人們你一言、我一語的談笑。

唯獨史蒂文生皺著眉頭，苦心思索抽水引擎的狀況。「可以讓我修修看嗎？」史蒂文生大膽的提出要求。「你？」領班驚訝的打量著史蒂文生，雖然半信半疑，在無計可施的情況下，也只好讓他試試看。

史蒂文生拆開引擎，以他有限的認知，竟然修復了抽水機，如此表現讓大家對他刮目相看。從此，他被拔擢為機械師，這時候他已經二十六歲，在礦場工作超過十年，這次事件讓他展開了人生中不同的境遇。

史蒂文生當上機械師，工作更賣力了，他將興趣和志願結合，每天下了班還自行研究，因此，陸續改良礦場裡的一些設施，還發明潛入坑道挖煤時佩戴的安全燈，大大提升工作的效率。

但是史蒂文生並不以此自滿，他喃喃自語：「拖運煤塊的蒸氣引擎效能雖然超過人力，可是還有改善的空間。」

於是，史蒂文生致力火車頭的製作，克服了一連串的艱困，終於在一八二九年成功的研發出火車機車。

這種火車機車時速高達三十哩，這在當時已是破紀錄的速度了，史蒂文生將它取名為「火箭」，並且報名參加機械競賽。

「恭喜你，『火箭』得到冠軍。我早就知道你是一個人才，果然沒看走眼！」領班的道賀讓史蒂文生彷彿回到從前，當年他在領班的監督下辛勤工作，每天忙得滿身塵土，當時的他還是個少不更事的小伙子，如果不是自己的努力，如今恐怕仍在礦坑裡敲敲打打不見天日呢！

十七世紀初，西元一六二四年，英國國會就通過「專利法」，獎勵從事創作發明的人，而得到專利保障的發明者，甚至可以成為富豪。這正是促使發明比賽參賽者眾多的原因之一，而史蒂文生的「火箭」能脫穎而出，的確是非常不容易的事。

史蒂文生的發明之路到此可說是有了完美的呈現，但是卻不是一帆風順。因為當英國政府真的準備敦聘史蒂文生為總工程師，著手修築利物浦到曼徹斯特的鐵路時，國會的議員卻發出不同的聲音：「這個噴煙冒火的怪物安不安全，政府應該要重視吧！」「我們總不能拿人民的生命當兒戲吧！」這番話說得慷慨激昂，對習慣馬車速度的英國貴族而言，馳騁在鐵道上的火車的確會令人望而生畏。但史蒂文生並不氣餒，他把支持和反對兩方面的意見都記錄下來，做為激勵自己精進的動力，他不斷的研發與改進，堅信人類的歷史，將因火車的出現而發生重大變化。

果然，文明的腳步不會受阻於少數人的偏見，利物浦的鐵路終於鋪設完成，便利的運輸帶來繁榮的經濟，促使該地成為英國重要的工業市鎮。而史蒂文生也立刻受聘為其他市鎮的鐵路監造工程師，他四處奔波忙碌，卻覺得充實愉快。

因為帶動了「交通革命」，史蒂文生被尊稱為「鐵路之父」，他在一八四八年逝世，這時的英國由維多利亞女王執政，工業革命及交通革命所帶來的強大國力，讓英國傲視全球，並展開對其他地區的侵略，因而廣獲殖民地，也得到了「日不落帝國」的美譽！

近代社會（二）：工業革命後的百花齊放

解放黑奴的林肯

一個以自由為號召所建立的國家，竟然支持蓄奴，這勢必造成國家的分裂。

熾熱的陽光遍灑大地，儘管還有絲絲清風，但地面蒸發的熱氣，足以讓人汗流浹背。只見行人委身於屋簷或是樹蔭，求得一方陰涼。

就在此時，不遠處傳來一聲吆喝，夾雜著皮鞭抽打地面的響聲，讓人好奇的張望。原來是幾名人口販子，驅趕著十幾個黑奴往市中心行進。這些黑人袒胸露背，雙手被縛，脖子上套著繩索連成一串，赤足走在發燙的地面，他們面無表情，空洞的眼神中夾雜著懼怕和憤怒，嘴裡卻不敢發出一句抱怨。

「唰！」的一聲，隨之傳來一陣慘叫，原來是人口販子用皮鞭抽打了一名黑人，黑人黝黑的皮膚上立刻出現一道血痕。「快走！你在東張西望什麼？」一連串的斥罵，黑奴不敢抹去臉上的汗珠和淚水，他或許並不明白人口販子的話，但顯然知道主人正在生氣，加上挨了一鞭的疼痛，只好乖乖的垂首前行，走向不可知的未來。

這是十八世紀美國建國以後，白人奴役黑人的情形。自從一四九二年哥倫布發現新航路後不久，歐洲白人就在非洲沿海大肆逮捕黑人，再運往美洲販賣為奴，替白人從事墾殖開礦的工作。

白人這種慘絕人寰的行為經過了將近三百年，到了十九世紀初期，美洲的黑奴人數已經高達二千五百萬人，黑奴夜以繼日的從事勞力工作，還得遭受主人的打罵，完全違背美國憲法所標榜：「人人生而平等。」的宗旨；少數心地較好的主人，會讓家裡的男奴和女奴結婚成家，養育下一代，卻也換得黑奴一家老小的忠心耿耿。

十八世紀末葉工業革命傳入美國以後，由於美國南北地理形勢的差異，經濟的發展形成兩種截然不同的風貌。美國北部的各州，利用機器設廠製造商品，工商業日益發達；南部各州則是開發棉田，和北方迥然不同。美國棉花的總產量，在一八〇〇年時只有三千五百萬磅，到了一八二〇年，增加到一億六千萬磅，一八四〇年又增至六億七千萬磅，約占世界原棉總產量的八分之七。由於棉田工作需要粗工，黑奴正是最佳人選，所以南方不僅反對解放黑奴，反而急需輸入更多黑奴以為勞力，導致黑奴的賣價在南部日益增高。一八二三年一個年輕黑奴的賣價僅五百美元，到了一八三七年就增至一千三百美元。「棉花與黑奴」是南方繁榮的兩大支柱；北方各州卻站在人道的立場主張廢奴，雙方已經水火不容。

「爸爸，他們為什麼像牛馬一樣被綑綁……」林肯不解的問道。「孩子，這是他們的命，誰也無法改變。」林肯的父親是個木匠，辛勤工作只為了餬口，對政治毫無概念，但林肯年紀雖小，卻充滿悲天憫人的情操。

林肯（Abraham Lincoln）出生在西元一八〇八年，九歲喪母，只靠父親微薄的收入維生。林肯的求知慾強烈，雖然只受過一年半的正規教育，但他竭盡所能的從各種書籍中汲取知識，甚至是一邊操作農事，一邊思考書中道理，林肯依舊樂在其中。

林肯十九歲時第一次離家，在大城市紐奧爾良謀職。這時他已經是個身高將近兩百公分的青年了，他做過粗工，也經營店鋪，但他始終不忘記讀書，並且付出比一般人更多的努力。二十七歲時成為律師，經過各種歷練，也讓他的思慮更加成熟。

「上天給予每個人生命權、自由權和財產擁有權，怎能因為膚色不同而有所差異？」當林肯明瞭一七七六年美國頒布「獨立宣言」的宗旨，再對照這百年來黑奴的處境，不免心生憤慨，而有了從政的念頭。不過，林肯深深明白，投身政壇必須抱持服務奉獻的精神，而非一逞私慾或是野心。

為了施展理想和抱負，林肯加倍的努力，他積極參選州議員、國會議員，在各種演講、辯論以及政治活動中，磨練自己的口才和膽識。唯一不變的，是林肯永遠保持謙卑、淡泊的氣度，應對周遭所

有的人或事。

西元一八四六年，林肯和主張蓄奴的民主黨候選人展開激辯。「一個以自由為號召所建立的國家，其中的南方各州竟然支持蓄奴，這勢必造成國家的分裂，國運更難以昌隆。」林肯字字句句打動人心，被譽為是美國開國以來，最精彩的演說之一。

從此，林肯成為廢奴主義的英雄，十四年後他當選總統，這代表著共和黨的勝利，更是林肯個人的驕傲。但令人憂心的是，戰爭一觸即發，聯邦政府已經分裂。

林肯在正式就職之前，主張蓄奴的南方各州已宣告獨立。林肯不得不面對國家分裂的事實，但他毅然決然的發表「解放黑奴宣言」，在不可避免的內戰中，林肯呼籲大家更要秉持人性本善的情操，解放所有的黑奴，讓他們擁有人權，享有自由。

南北戰爭持續進行，北方聯邦軍隊以正義之師的旗幟，得到許多新興工商業團體的支持，還有不少黑人也投入戰場，為自己的前途衝鋒陷陣；反觀南方的軍隊，雖有傑出的李將軍領導，但處處顯得窒礙難行，大農莊的主人被視為是道德淪喪的惡棍，更不敢讓黑奴投身戰場，以免他們陣前倒戈。所以，北勝南敗的結局其實是很明顯的。

西元一八六五年三月，林肯在第二任總統的就職演說中強調，「南北戰爭」是一場公義與私利的戰爭，蓄奴制度就是剝削他人的血汗，換取自身的利益。這被視為美國歷史上最偉大的演講，該年四月，李將軍代表南方各州向聯邦政府投降，長達四年，造成百萬死傷的內戰終於結束，國家重新統一。林肯的堅持終獲勝利，他的仁慈廣受讚譽。但是，數日之後，一個南方狂熱分子，不甘心北方獲勝，竟在劇院槍殺了林肯，林肯終年五十六歲。

林肯的靈柩回到家鄉春田市，人們想起當年他擔任律師時，因為處事公正而贏得「誠實者」的外號，如今他為了維護世間的公平正義而喪生，更引發人們的景仰懷念，林肯被史家評為美國歷史上最偉大的總統。

近代社會（二）：工業革命後的百花齊放

童工辛酸史

只有監工的斥責，和日復一日枯燥繁重的勞動。

「從這污穢的臭水溝裡泛出了人類最偉大的工業溪流，肥沃了整個世界；人性在這裡獲得最為充分的發展，也達到了最為野蠻的狀態；文明在這裡創造了奇蹟，而文明人在這兒卻幾乎變成了野獸。」法國作家托克維爾的描述，道盡工業革命後的社會問題。

發生在十八世紀英國的工業革命，因為機器的出現，取代了人力、獸力、風力和水力，使人類的生活大為改善，卻也造成許多受害者。

「唉！一部機器抵得過十個人，老闆只要保留幾個懂得操作的員工就夠了，我們遲早會沒工作。」工業革命以後，失業問題變得十分嚴重，當時歐洲各國缺乏完善的社會福利制度，失業的工人得不到補助，為了養家餬口，只好調降工資，自願增加工作時間，才能找到頭路。他們任由老闆剝削、壓榨，甚至連家裡未成年的孩子，也跟著父母去工作。

工業革命為人們帶來巨大的福祉，兒童應該是其中的當然受益者。然而事實上，當時的孩子卻成了直接的受害者。孩童在工廠裡度過珍貴的童年時期，無法獲得時代賦予的恩惠，卻提早經歷了本不該經歷的人世滄桑。

因為兒童瘦小的身軀能在機器下、礦井裡自由活動，是靈活、順從、廉價的勞動力來源。他們成為被犧牲的一代，童年裡沒有歡聲笑語，沒有父母的呵護，只有監工的斥責，和日復一日枯燥繁重的勞動。空洞無助的眼神中，透露出他們肉體和心靈所受的摧殘，令人心疼不已。

「吃完了快去工作！」幾片黑麵包便是一餐，發育成長中的孩子卻沒有任何葷食。站在老闆的立場，他才不關心童工的健康和安全呢！童工為了賺取微薄的薪資，經常超時工作，他們整天在紡織廠裡站著操作，領班動不動就以打罵的方式要求童工服從。但比起在暗無天日的礦區開採煤礦，工廠裡的童工已經算是得天獨厚了。

煤炭是當時所有機器的能源，因為礦坑的坑道狹窄，身材瘦小的童工比成人更適合這項工作。只見一群骨瘦如柴的童工，每天在昏黑汙濁的坑洞裡，艱辛的挖掘煤礦，拖拉重物，眼淚、汗水挾雜著灰塵，這就是他們成長的童年。

童工從八、九歲就進入工廠，最小的甚至只有五歲。除了禮拜日可以休息上教堂，童工們常常每天得工作十幾個小時，忍受監工無情的斥責和毒打，他們不敢反抗，因為被趕出工廠是件可怕的事，家裡很可能因為少了這份收入而難以維生。

這群可憐的孩子經常飽受風濕、駝背、哮喘、肺病、脊椎畸形、骨盆變形等等病變的折磨。而工傷事故隨時都有可能發生，他們只好自認倒楣，嗜錢如命的老闆是不會同情童工的。

和童工一樣悲慘的是女工。她們像牛馬一般的勞作。從天未亮就得起床，草草吃一碗麥子粥就趕往工廠，直到深夜才能回家，每天工作十多個小時。女工長年在悶熱、潮濕、毫無安全設施的廠房裡，操作著轟隆作響的機器，飛揚的植物纖維和金屬顆粒落在她們身上，也被吸進她們的肺裡。到了夏天，絲織廠的女工必須從沸騰的水裡撈出蠶繭，再進行抽絲剝繭。高溫蒸氣讓人難以忍受，女工們昏厥的現象屢見不鮮，稍作休息後又必須繼續上陣。

女工即使懷孕了，也得不到任何照顧，每天還得站上十幾個小時。分娩後才一週就必須回到生產線，否則工作不保。

「你不做別人做，外頭等著就業的人一大堆，你不懂嗎？」老闆冷酷的嘴臉讓人不寒而慄，這還比不上監工的殘暴。女工經常被監工拳打腳踢，棍棒相向，各種懲罰無所不用其極，屈辱淚水中，只為了換取勉強的溫飽。

除了童工和女工遭受苛刻的對待，一般勞工的待遇也好不到哪兒去。有些工廠甚至會訂下一些不合理的規定，例如：「每天早晨機器開動十分鐘後，工廠大門立即關閉，遲到者不得入廠。曠職者按其日薪處以三倍罰款。上班期間，未經監工允許而擅離者，罰款方式同上。所有清洗用具如有損壞，皆由員工賠償。」

直到西元一八三三年，英國國會通過「工廠法」，才嚴禁礦坑、工廠僱用九歲以下的童工，至於九到十三歲的童工，每週工作時數不能超過四十小時，十三到十八歲的童工，則不得超過六十八小時。此外，所有十八歲以下的孩童，都不得從事夜間加班；十三歲以下的孩子，每天必須接受兩小時的學校教育，學費由政府補助。如此一來，童工才有了基本保障。

之後，各國陸續修法保護兒童及青少年。例如：台灣在二〇〇三年通過「兒童及少年福利法」，就是針對十二到十八歲的兒童及青少年，提供相關福利及保障；此外，又依據「勞動基準法」的規定，十五到十六歲稱為童工，不能從事繁重或危險的工作，例假日、夜間及清晨也不得加班，每天工作時數更不能超過八小時。兒童及青少年有了完善的保障和權益，大家才能真正享有工業革命所帶來的福祉。

北京名人羅伯特．赫德

「每個職員都要盡忠職守，絕不允許貪污舞弊之事！」

「大人，洋鬼子不讓咱們的官兵上船。」「豈有此理！這是大清朝買的艦隊，洋人憑什麼做主決定？」一片紛擾吵雜聲中，負責改革維新的大臣李鴻章眉頭深鎖，他和洋人交過手，知道他們的厲害，這時是清同治元年（西元一八六二年），清廷向英國買了七艘船艦，由總稅務司李泰國（Lay Horatio Nelson）統籌辦理。

李鴻章回憶起數年前的「英法聯軍」之役，洋人用五十多艘鐵殼船，把中國傳統水師的三百多艘木船打得慘不忍睹。「大人，你們不是要『師夷長技』嗎？何不向大英帝國購買船艦？」李泰國的建議確實奏效，朝廷花了三十八萬兩白銀，買回了七艘戰船「阿思本艦隊」（Osbom）。

可是，因為來自英國的船隊總司令態度高傲，打心坎兒裡瞧不起中國。所以，他不僅禁止中國官兵登船，而且浮報開支，和朝廷搞得不歡而散。「退貨！這批船艦我們不要了。」朝廷一聲令下，七艘戰船返回倫敦進行拍賣，售款所得由英國作詳細的分配，大清朝最後竟是一無所獲！

洋人趾高氣揚的態度其來有自，從西元一八四〇年中英「鴉片戰爭」以來，中國每戰必敗，接下來便是簽訂喪權辱國的條約，洋人處處占盡優勢，對清朝官員充滿鄙夷之心，其中唯一的例外，便是羅伯特・赫德（Robert Hart）。

赫德在一八三五年出生於北愛爾蘭，受業於貝爾法斯特（Belfast）皇家學院，十九歲時到達香港，開始接受翻譯的培訓。此時已是鴉片戰爭之後，英國在廣州設了領事館，他不僅是翻譯，也參與海關的工作，擔任粵海關副稅務司。

「這個洋人的態度和之前那位大不相同……」這是和赫德往來過官員的普遍看法，他們所說「之前那位」，指的是李泰國。赫德比李泰國年輕三歲，兩個人都擅長行政工作和外交事宜。當時的滿清政府，被歐美各界公認為顢頇腐敗，再加上對西洋事務所知有限的窘態，洋人根本不尊重所謂的朝廷親貴。所以，李泰國跋扈囂張的個性顯露無遺，眉眼之間對中國盡是輕視，狂妄自大的嘴臉讓清廷官員吃足苦頭；赫德就不同了，他的個性隨和，處理事情通情達理，不會擺出一副頤指氣使的姿態，一般官員對他都是印象良好。

「阿思本艦隊」事件之後，赫德正式接任海關總稅務司，入京覲見了恭親王奕訢。「大人，王爺是先帝咸豐皇帝的親兄弟，也是當今聖上的親叔父，位高權重，您說話可得當心啊！」幕僚的建議，讓赫德對當朝這位高官頗為敬畏；沒想到兩人相見恨晚，暢談愉快。全力追求國強民富的奕訢，正積極從事改革新政，亟需從洋人口中得知變法圖強之道。「王爺若不嫌棄，下官願意知無不言，言無不盡。」「哈哈！好極了，本王的身邊正需要你這種人才。」赫德從此長駐北京，這一待就是四十多年。

「海關的運作如果正常，不僅可以保障英國利益，也可以增加中國政府的營收，更是中、英之間外交接觸的管道。」赫德經常對部屬曉以大義，讓他們明白自己責任的重大。

在赫德的經營下，總稅務司衙門的辦事人員增加了數百名，赫德對他們要求嚴格，過去那種以多做少、蒙混虛報、偏袒不公的陋習逐漸革除了。「每個職員都要盡忠職守，絕不允許貪污舞弊之事！」在赫德的規範下，大家兢兢業業，雖然不免抱怨：「這個洋人是個中國通，可別在他眼皮底下打馬虎眼。」經過赫德一番的打理，稅務司的稅收由一千萬兩增加到兩千萬兩，增加的部分用作戰敗的賠款和各省外債支付，盈餘還可以充作地方建設，也難怪奕訢對赫德讚譽有加，又讓他負責指導新式教育

「同文館」和郵政業務，有時甚至連人事任免都要徵詢他的意見呢！

赫德個人從正三品大員，晉升為正一品，他擔任過布政使和按察使，簡直就形同國人，奕訢也不把他當成外人，人前人後都稱讚他是個「值得信賴的人」。

赫德在中國長住了五十四年，一九〇八年才離華返英，三年後病逝，清朝追封他為「太子太保」。他在中國海關工作了四十九年，創立了統計、浚港、檢疫制度，在一些沿海港口建立起燈塔和氣象站，對於迂腐無知的守舊派來說，確實是當頭棒喝。赫德的行事風格瀟灑，不喜歡歌功頌德，臨行之際，他只在辦公桌上留了一張便條：「赫德走了。」離開他生活超過半世紀的北京，卻離不開歷史對他的記載。

太陽的戀人 梵谷

梵谷的畫作舉世聞名，成為印象派、表現主義的先驅。只是，這份榮耀來得太遲。

熾熱的陽光遍灑田間，耀眼的光芒讓人目眩神迷，幾個農夫斜靠在大樹下休息，瞇著眼望向遠方。「瞧，那個人還在大太陽下作畫，難道不怕熱嗎？」「唷！人家可是畫家呢！不過，再這麼晒下去，頭腦發昏的，還能作畫嗎？……」大家你一言我一語的閒聊，而被他們所談論的，就是梵谷（Van Gogh）。

一八五三年，梵谷出生在荷蘭鄉下，因為祖父曾擁有神學學位，父親又擔任牧師，梵谷在宗教氣息濃烈的家庭中長大，也是一名虔誠的教徒。他自小沉默寡言，喜歡在紙上塗鴉，隨手便畫出故事中的情景。進入小學後，梵谷跟著一名信仰虔誠的老師學習，讓他對宗教信念更堅定；而他的另一份熱愛便是繪畫，他喜歡一個人靜靜的揮筆作畫，深愛他的父親便提出建議：「孩子，你這麼喜歡畫畫，不如到伯父在倫敦經營的藝廊去幫忙，順便增長見識。」梵谷聽了雀躍不已，立即整裝準備。

可是，鎮日待在空間有限的店面裡，盡做些整理帳目的雜事，梵谷覺得索然無味，滿腔的熱情轉向追逐愛情，他對房東的女兒展開追求，卻遭到拒絕。梵谷的心靈受創，一時間徬徨失措。

此時唯一安慰梵谷的力量便是宗教。他在小學擔任義務教師，幫助家境貧困的孩子，並向孩子們宣揚教義。一八七八年，他又懷抱著滿腔熱誠，來到比利時的礦區，當一名盡職的傳道人。然而，礦區的景象讓梵谷大吃一驚。

「八、九歲的孩子吃力的搬運重物，十三歲就屈身走入坑道去挖礦，命運竟是如此悲慘。」「悲慘的還不只這些，孩子們都是來自清寒家庭，不工作怎麼生活？勞碌一生不過是圖個溫飽，他們三十出頭就會染上職業病，根本活不過四十歲！」礦區的工人向梵谷坦言說道。

梵谷悲憐孩子們的處境，他把衣物和手邊的錢財全分給孩子，然後直奔總公司，要求老闆調整礦工的待遇，卻遭來一頓斥責：「你身為一名傳道人，卻來大鬧礦區，實在太荒謬！」次年，梵谷遭到撤換，沮喪的返鄉。

「孩子，我們永遠歡迎你回來。」父親的慈愛，化解了梵谷的懊惱。「如果你喜歡作畫，就盡情揮灑吧！家裡的事有我在，你別擔心。」弟弟特奧誠懇的說。「唉！我虛長你四歲，卻是一事無成。」

所有的手足之中，梵谷和弟弟特奧的感情最好，特奧後來也成就了梵谷的傑出與不凡。有了特奧的承諾，梵谷心無旁騖的跟隨表姊夫和其他老師習畫，卻因為雙方認知的不同而屢起爭執，個性固執的梵谷常大發脾氣，弄得老師不知所措。「算了！你這種學生我不教也罷！」

擺脫了俗務的牽絆，梵谷反覺自在，他每天背著畫具，隨興遊走在曠野田間，讓色彩恣意的在紙上揮灑，大家都叫他「太陽的戀人」。但就在一八八五年，梵谷的父親去世，梵谷悲痛逾恆，但是特奧細心的為梵谷打理生活所需，讓他在巴黎期間，結識了高更、塞尚等印象派畫家，大夥兒互相切磋，梵谷逐漸走出傷痛，作畫時色澤鮮明，線條靈活，畫風日趨成熟。

「哥哥，巴黎的冬天來得早，我猜你一定更喜歡南方的普羅旺斯。」「好兄弟，你真能體會哥哥的心思！這些年來哥哥一直拖累你，真是過意不去。」「別這麼說，我會盡快安排你搬到南方去。」此時的特奧已是個小有名氣的商人，也和女友積極的安排婚期，相較於梵谷的無所成就，特奧覺得心疼不已。

一八八八年，梵谷來到亞爾城，立即被耀眼的陽光所震懾。「南方的大太陽燒豔了他的調色板，燒活了他的線條。」詩人余光中形容這段期間的梵谷。直到一八九〇年自殺身亡前，這兩年是梵谷創作的全盛期，他甚至想籌組「南方工作室」，當時最支持他的，依舊是弟弟特奧。

為了響應哥哥的計畫，特奧不僅在巴黎大肆鼓吹，還以優惠的條件和高更簽下合作條款。於是，高更在該年十月造訪梵谷，雙方共處了兩個月。

「為何沒人欣賞？買主究竟何在？」梵谷在心裡吶喊著。因為衣食所需完全仰賴特奧，這種累積多年的壓力，讓梵谷的脾氣更暴躁固執，有一次和高更一言不合，高更憤怒的拂袖而去，梵谷羞憤的失去理智，揮刀砍了自己的左耳。

「這個人瘋了！」鄰居們議論紛紛，要求警察逮捕梵谷，並進行強迫治療，高更也因此遠去。特奧聽聞後立刻趕來，把梵谷送進療養院。

梵谷的情緒瀕臨崩潰邊緣，難以壓抑的熱情無人能理解，只能寄託於一幅又一幅的創作，療養院附近的麥田、柏樹、橄欖樹叢都是他的題材，他經常不言不語，只是手不停筆的揮灑，強壓內心苦楚。「特奧何時會來看我？難道他忘記哥哥了嗎？」已經結婚生子的特奧公私兩忙，雖惦念著梵谷，卻無法抽身前來，讓梵谷覺得遭到遺棄，逐漸走向自我毀滅。

一八九〇年七月，三十七歲的梵谷在麥田裡舉槍自盡；半年後，特奧也去世了，就葬在梵谷的墓旁，兄弟倆生死相伴；他們絕對想不到，梵谷的畫作會舉世聞名，成為畫壇印象派、表現主義的先驅。如今梵谷的作品身價不凡，只是，這份榮耀來得太遲。

鋼鐵人 史達林

史達林執政後，蘇聯的重工業發展成為全歐洲首屈一指的工業大國。

窗外是一片銀色世界，映襯著樹梢晶瑩剔透的冰柱，美得令人目不暇給；不過，屋裡的人無心賞景，為了節省煤炭，他們只點燃一個小火盆，大家圍在一起取暖，心裡盡是哀愁與無奈。

「唉！想想前線的士兵們在冰天雪地中作戰，我們能躲在屋裡避風雪，已是很享福了。」終於有人打破沉默。「可是，政府要是不解決糧食不足的問題，我們捱得過這個冬天嗎？」隨後總是一陣無言的嘆息。

這時正是一九一六年的寒冬，在專制的沙皇尼古拉二世統治下，俄國參加第一次世界大戰，已經進入第三個年頭，被徵召的役男多達一千五百萬人，前線傳出裝備不足、補給不及的情況，三個士兵合用一枝槍的傳言竟是事實！

至於俄國國內的情況也好不了多少，天災導致農產品收成欠佳，再加上農村人力匱乏，使得農產品銳減的狀況宛如雪上加霜，人民飽受飢寒交迫的煎熬。

到了一九一七年二月，鎮日守在糧食店門口排隊的人民忍無可忍，終於爆發流血衝突，沙皇宣布退位，由臨時政府執政，該年十月，共產黨首領列寧從瑞士偷渡回國，發動「十月革命」，推翻臨時政府，建立世界上第一個共產主義的國家。隨著帝俄時代的結束，俄國更改國名為「蘇維埃社會主義共和國聯邦」，簡稱「蘇聯」，並且退出第一次世界大戰的戰場。

列寧實施一黨專政的極權統治，對全國人民進行嚴密監控，但糧食仍然短缺，工商業效率大幅滑落，當時生產率僅只是革命前的百分之十三，加上一九二〇年空前的旱災，飢餓致死的災民多達五百萬人，對列寧宛如是當頭棒喝！

四年後，列寧中風逝世，黨內爆發激烈的權力鬥爭，最後由擔任總書記的史達林獲勝，展開他個人將近三十年的獨裁統治。

「史達林」（Joseph Stalin）是他成年後自己取的名字，意思是「鋼鐵意志的人」。由於他自幼個性激烈，凡事堅持己見，十五歲便加入革命運動，因為散播反沙皇思想而被學校開除後，加入列寧的革命組織，被俄國政府逮捕七次、流放六次，成為列寧的得力助手。

史達林執政後，首先建立個人崇拜，實行極權統治，以殘酷的「肅反鬥爭」殺害數以萬計的反對者，上百萬的人被送進「勞改營」，在生不如死的環境中進行思想改造，以落實對史達林的絕對效忠。「蘇聯必須發展重工業，才能跟美國一較長短，成為世界霸權！」為了貫徹史達林的命令，蘇聯全力發展重工業以及軍事體系；到了一九四〇年前夕，蘇聯的重工業發展增加九倍，年平均增長了百分之二十一點二，成為全歐洲首屈一指的工業大國。「哈哈！我們不必擔心老美這個資本主義國家了。」史達林得意極了；不過，由於他的農改政策失敗，卻導致數百萬農民飢餓致死！

此時的世界局勢起了極大的變化，日本侵華戰爭在一九三七年全面展開。

歐洲的希特勒也在一九三九年發動了一連串攻擊行動；史達林先是與希特勒合作，瓜分波蘭；又占領波羅的海三小國：愛沙尼亞、拉脫維亞、立陶宛；之後與希特勒決裂開戰，一九四一年，甚至發生首都莫斯科被德軍包圍的緊急狀況。

史達林冷靜的面對此一危機，一如往常舉行閱兵大典，典禮結束後，他命令軍隊直接開往前線，讓大家毫無喘息的機會，卻也凝聚了激昂的士氣，讓所向無敵的德國嘗到戰敗苦果。

這一年年底爆發了更重大的國際事件，就是日本偷襲美國的海軍基地「珍珠港」，使美國加入戰場，逼使「軸心國」：日本、德國、義大利，走入窮途末路。

可是，美國總統羅斯福錯估形勢，為了急於在最後的任內結束戰爭，不惜對蘇聯作出讓步。「我的日子不多了，不論付出多少代價，我也要看到戰爭終結，世界恢復秩序。」羅斯福總統的健康狀況不佳，急切的做出指示。

一九四五年，羅斯福和英國首相邱吉爾，會晤史達林召開了「雅爾達會議」，遊說蘇聯加入對日作戰，史達林承諾會在德國投降的三個月後對日宣戰，但是，趁機提出許多要求，其中影響了中國的權益。「中國共產黨在一九二一年由我紅軍扶植成立，我對中國共產黨有責無旁貸的輔助之責。」基於此種理念，史達林提出庫頁島南部、千島群島的領土主權，東北大連、旅順港的使用權，以及外蒙古、東北接收的種種特權。中國在美方的強大壓力下被迫接受。

一九四五年四月，蘇聯紅軍圍攻德國首都柏林，希特勒自殺，德國投降，第二次世界大戰進入尾聲。此時羅斯福總統已離世，新任的杜魯門總統決定以新式武器「原子彈」結束戰爭，日本終於在該年八月投降，蘇聯的紅軍進占了原本日本控制的中國東北，並將日軍遺留的大批軍火轉交中共，使毛澤東如虎添翼而竊取大陸，終於在一九四九年建立「中華人民共和國」，「中華民國」政府則退居到台灣。

被毛澤東尊稱「中國人民導師」的史達林，在一九五三年病逝，享年七十三歲，不少史學家肯定他對提升俄國工業化的重要貢獻，但是也抨擊他為了個人獨裁而殺戮同胞，可說是毀譽參半，正如跟他合作了幾十年的毛澤東所說：「史達林是三分錯誤，七分正確，他是偉大的共產主義領袖。」可是，這「三分」錯誤，又讓人們付出了多少代價呢？

夢的解析者 佛洛伊德

他認為夢境是滿足現實生活中無法實現，且被壓抑慾望的一種形式表現。

「美夢成真」、「南柯一夢」、「魂牽夢縈」。數千年以來，人們對於夢境，總有著無盡的遐思，盼望著能夠逐夢踏實，卻又始終參不透夢中的意涵。歷史上第一個研究夢境的專家，就是猶太籍的醫生佛洛伊德。

西元一八五六年出生的佛洛伊德（Sigmund Freud），是醫學史上第一個研究人類心理學的學者。直到如今，憂鬱症、妄想症、失智症等心理疾病充斥在我們的周遭，許多人對心理學雖然一知半解，但是對於佛洛伊德的大名卻是如雷貫耳。

佛洛伊德生於現今捷克境內（當時為奧匈帝國），父母親都是猶太人。他四歲時舉家遷往維也納。此後，這兒便是他成長的故鄉。中、小學時期，他的成績總是年年第一。於是，佛洛伊德便以免試的方式，進入維也納大學醫學院，這可是當時人人夢寐以求的最高學府呢！

看似一切順遂的佛洛伊德，在他就讀中學時期，猶太人的身分，卻深深困擾著他。有一次，他和父親一起上街購物，遇到幾個白人孩童，他們用侮辱性的字眼，對著佛洛伊德喊叫挑釁。正當佛洛伊德準備反擊時，他的父親卻帶著他逃離現場，連一句話也不准他說。「爸爸！我們為什麼要落荒而逃？」「唉！小孩子不懂事，猶太人沒有國家，所以處處受人歧視，這就是我們的宿命。」

這件事重擊了佛洛伊德的心靈深處。過去他一直把父親視為英雄，為了替妻小求得溫飽，父親厚實的肩膀是那麼可靠，不料一提及「猶太人」，父親卻成了一個向命運低頭的懦夫。「猶太人究竟何罪之有？」佛洛伊德在心裡吶喊著。

或許，惟有在課業上出人頭地，才能換得別人欽羨的眼神，洗刷猶太人的原罪吧！於是，佛洛伊德加倍努力，督促自己精益求精。

一八九五年，佛洛伊德和同伴合著《歇斯底里研究》，他自創「自由聯想法」，讓病人說出第一次發病時的心理狀態。

佛洛伊德鼓勵病患在清醒的時候，而且是外界不加以干涉的情況下，說出腦海中的念頭。「讓病人突破心防，據實以告，這是極重要的根據，有助於醫生推測病因，醫治症狀。」佛洛伊德使用這種方法進行臨床治療，同時發展了關於焦慮、恐慌、抑鬱、衝動、移情、潛意識等心理學理論，也讓他逐漸享有盛名。

佛洛伊德最著名的代表作，是他在一九〇〇年出版的《夢的解析》。雖然只獲得兩百零九美元的報酬，但書中所述論點卻是影響深遠。佛洛伊德認為，夢境是滿足現實生活中無法實現，且被壓抑慾望的一種形式表現，正如中國傳統的俗諺：「日有所思，夜有所夢。」佛洛伊德詳細且系統性的進行分析，他發現人類的性慾，在嬰兒期就已經存在了，而不僅僅是發生於成人時期，這個理論，也成為當時極大的一項突破。

這個新觀點的公布，讓佛洛伊德遭受許多指責，認為他污衊了孩童的純真，而將之色情化。佛洛伊德多次寫信給他的同事，並以自身為例進行剖析。「我童年時期深愛著母親，卻對父親產生嫉妒；這並無關於他們對我的管教方式，而是我內心油然而生的情愫。」此後，他將這種現象和希臘神話《伊底帕斯王》連結起來。在這個悲劇故事中，底比斯的國王伊底帕斯誤殺了父親，且迎娶了親生母親，被稱之為「伊底帕斯情結」，也就是俗稱的戀母情結。

佛洛伊德對潛意識的研究與觀點，開啟人們對於心理學的興趣。他強調潛意識在不知不覺中左右著人類的行為，導致我們會說錯話、做錯事、或是其他難以理解的反應。「過多的壓抑可能造成行為的偏頗，過去慣於以『邪靈附體』解釋病人的怪異舉動；其實，那根本不是中邪，而是內心世界的反射。」他的研究，終於解開了精神疾病的謎底。

一九二三年，佛洛伊德因為吸菸過多而患了癌症，為了持續研究，他接受三十多次的手術，堅強的活了下來。此時，歐洲反猶太的情緒高漲，佛洛伊德的大批作品被毀；當納粹德國引爆第二次世界大戰時，佛洛伊德則被關在收容所裡，經過友人的奔走營救，才得以離開歐陸前往倫敦。一九三九年在倫敦去世，享年八十三歲，被後人稱之為「精神分析之父」。

凡爾賽宮的條約

這一紙凡爾賽條約，種下德國和其他國家的深仇大恨，更讓德國經濟破產。

「噹噹噹……」一百零一聲的鐘聲響起，人們的歡呼也隨之而起，這是西元一九一八年十一月十一日的上午十一點，全歐洲的教堂同時敲起了和平鐘，象徵人類苦難的結束，幸福時代的來臨。因為死於第一次世界大戰下的人無法計數，更別說難以估計的財務損失了。如今，戰事終於平息了，怎不令人歡欣鼓舞呢！

不過，對於戰勝國和戰敗國而言，戰爭的結束，卻代表著不同命運的開始。在巴黎的香榭大道，雖然已經進入初冬，迎風搖曳的旗海，伴隨著慷慨激昂的進行曲，似乎驅趕了凜冽的寒風，讓人們陶醉在勝利的狂歡中；反觀戰敗國，德國的柏林，則是一片淒冷，人們惶惑不安的奔走相告：「一八七一年，我們在普法戰役中擊敗法國，風水輪流轉，現在他們成了戰勝國，會不會趁機報復呢？」「我知道法國對我們絕不會輕饒。當年他們戰敗，我方趕盡殺絕，如今他們怎可能以德報怨？」德國人忐忑難安，他們心裡明白，法國在一八七一年所受的屈辱，此刻將變本加厲的追討！

年紀較長的德國人不禁瞇起雙眼，遙想起當年普法戰爭的結局。「記得那時候啊！普魯士大獲全勝，統一了各邦，建立了德意志帝國。德皇威廉一世威風極了，他占領法國的首都巴黎，還在法國最富麗堂皇的凡爾賽宮『鏡廳』，舉行登基大典；至於那位不可一世的法皇拿破崙三世嘛！則是我們德軍的階下囚，後來還是他們捧著割地賠款的條約，才把拿破崙三世給贖回去的，真是丟臉極了。」「呵呵！我可是真槍實彈上過戰場的。說來好笑，這些法國人根本不會打仗，雖然握有最新發明的機關槍，卻因操作不當而狀況連連，結果是手忙腳亂一敗塗地，怎能和英勇無敵的德軍相比啊？」憶起當年勇，老兵們意氣飛揚；可是，此時此刻的德國已經戰敗，法國是第一次世界大戰的戰勝國，這已是不爭的事實。

法、英、美、義大利、中國、日本等三十二個戰勝國達成協議，決定從一九一九年一月，展開長達五個月的和平會議，地點選在巴黎的凡爾賽宮，所以稱為「巴黎和會」。

與會代表們連同經濟、地理、歷史、軍事等各領域的學者專家，分別組成五十八個委員會，在主席法國總理克里蒙梭的主導之下，一共召開了一千六百多次討論會，終於擬定出針對五個戰敗國不同的條約，其中又以對德國的部分最為嚴苛，而且簽約地點決定在凡爾賽宮，因此被稱為「凡爾賽條約」。主席克里蒙梭將草約交給德國代表，並表示：「這項條約將會有三個星期的考量時間，若有任何異議，貴國不得與會發表論述，只能夠以文字申辯，還盼即期回覆。」依照大會規定，戰敗國代表不得參與討論，這五個月來他們如坐針氈，只能等待戰勝國的凌遲。

「不！這太過苛刻了。」草約在德國一經公布，立刻引發反彈。「我們在一九一八年的停戰協定中，已經交出了五千門大砲、二萬五千挺機關槍、一千七百架飛機、五千輛火車頭、十五萬節火車車廂、五千輛汽車，還有各種軍艦七十四艘，今後我們已經沒有戰鬥力了，難道還不夠嗎？」戰敗的德國簡直是一片哀號。

巴黎和會冷酷的不做任何回應，面對德國呈交了四百多頁的申訴報告，草約做出極小幅度的修正，德國只好被迫接受。「不簽字的結果，貴國想必知曉，那就是聯軍即將進占德國。」克里蒙梭冷酷的說道。他的名號是「老虎」，果真人如其名。

德國代表在凡爾賽宮的「鏡廳」簽了字，內心不勝唏噓。「唉！想起四十八年前吾皇威風凜凜的在此登基，真是景物依舊，人事全非啊！」

這份著名的「凡爾賽條約」共分為十五章，四百四十條，以及二十多個附錄。內容極盡刁難之能事，堪稱是空前絕後。

屈辱夾雜著憤怒，德國必須履行條約，其中龐大的賠款數字，又豈是才經戰敗的德國所能負擔得起？「什麼？我們要負責所有戰爭的損失！這種決定，公平嗎？」「現在已經無所謂公平與不公平了，要怎麼籌措這五十億美元價值的黃金，才是當務之急啊！而且，這還只是頭期款。」「往後還有幾期？還要付償多少？誰能告訴我們答案？」「說來荒唐，戰勝國表示，既然德國要負責到底，他們會一邊計算所有的損失，我們一邊賠錢……」「那不是形同德國往後的歲歲年年都要賠償，子子孫孫都難逃厄運嗎？」德國人不僅對未來悲觀，也對戰勝國的處置憤恨難平。割地賠款外，還有更令德國難以容忍的，就是關於德國軍備的限制。

德國被迫取消了參謀總部，不能實施徵兵制，各種武器數量都有嚴格管制，全國陸軍兵員總數只有十萬人，軍官不得超過四千人，空軍則是掛零。「戰艦、巡洋艦數目不過數艘，潛水艇一艘也沒有，海防設施被銷毀，哈！我們連保衛自己的能力都沒了。」淒涼的苦笑中，道盡了德國人的悲哀。

凡爾賽宮鏡廳曾經讓德國耀武揚威，如今卻是不堪回首。這一紙凡爾賽條約種下德國和其他國家的深仇大恨，更讓德國經濟破產，馬克從四元兌換一美元，一路狂貶到四萬億兌換一美元，德國人不惜用鈔票充當壁紙和燃料，其慘狀可見一斑。二十年後，德國以撕毀凡爾賽條約為由，開啟了第二次世界大戰的歐陸戰場，人類再次歷經浩劫。「青山依舊在，幾度夕陽紅。」凡爾賽宮幾經滄桑，令人感嘆世事的無常。

現代社會：世界大戰的風起雲湧

戰後的金融風暴

經濟危機的浮現彷彿是骨牌效應，大小工廠相繼倒閉，股票市場「跌跌」不休。

一九一八年十一月十一日，全歐洲的教堂紛紛響起悠揚鐘聲，代表人類的苦難終於過去，歷時四年三個多月的第一次世界大戰正式結束，新的希望即將展開。但是當人們沉浸在和平的喜悅時，殊不知另一場更巨大的災難正在醞釀，那就是十年後席捲全球的「經濟大恐慌」。

「參戰？天啊！那將是多少生命財產的損失？」在一九一七年四月，當美國宣布加入第一次世界大戰時，美國民眾不禁嘆息連連，因為幸福美好的日子不再，他們終究不可避免的捲入這場戰爭，和許多歐洲國家一樣，遭受戰火的摧殘。

「歐戰持續了三年，我們置身事外三年，已經夠幸運了。」「話是沒錯，可是一打下去，要戰到何年何月？」人們的談話總在一聲聲嘆息中結束，心中惶恐日勝一日。自一九一四年開戰以來，「協約國」和「同盟國」兩大陣營都遭受慘重的損失，雙方苦撐到一九一七年，卻因美國加入「協約國」而有了轉變。

美國這支生力軍，宛如是歐陸的兵工廠，半年內運送了超過百萬名士兵，協助「協約國」作戰，又提供了大量物資和軍備，致使「同盟國」節節敗退，只得在一九一八年宣布戰敗投降。

令人遺憾的是，勝利的驕傲並沒有帶來太多喜悅，代表美國參加戰後會議的威爾遜總統，不忍向戰敗國索求鉅額的賠款；而戰時獲得美國資助的英、法等國，也不肯仗義執言，讓美國得到實質的補償和權益。

「罷了！即使被尊為世界第一強國又有何用？誰來體恤我們的傷痛？誰又肯賠償我們的損失？」面對戰後三十多萬名兵員的傷亡，以及難以估計的財物損失，美國民眾再一次搖頭嘆息。

當政策趨向保守的哈定成為新任總統時，他的治國原則是強調獨立外交，和美洲以外的國家刻意保持冷漠，更不可能參與全球性的公共議題，甚至拒絕參加新成立的國際組織「國際聯盟」。「我們是世界上最富強的國家，但卻不是全世界的道德領袖，這個重任可擔待不起！」哈定的政策被稱為「孤立主義」，也逐一顯現在經濟層面。

「我們是上一次當學一次乖，不再關心國際事務，更何況我們地大物博，能夠自給自足，何必跟那些歐洲國家糾纏不清？」政府的態度趨向保守封閉，接著便以提高關稅的方式來保護本國工商業，將歐洲進口美國的各項商品從重課稅。例如：一九二二年美國國會通過新的關稅法案，各項輸入美國的產品，平均提高了百分之三十的關稅，而原料則提高了百分之五十到百分之百的關稅。

「如此一來不僅保護了本國工商業，還培養起國人選購國貨的消費習慣，真是一舉兩得啊！」官員們樂觀其成，以為「關稅壁壘」政策，是重振戰後經濟的特效藥，不料事與願違，可怕的經濟大恐慌就此開始。

「關稅壁壘」阻擋了歐洲貨物外銷美國的管道，歐洲國家也群起效尤，以同樣的方式報復美國。這時的美國從戰後甫獲新生，社會脈動活躍，各行各業蓬勃發展，生產線每天製造出大量的商品，當國人無法消耗這麼多商品時，廠方不得不仰賴歐洲國家的訂貨單，但如今一切都停擺了，訂單沒了，出口停了，但是生產線卻依然全年無休，「供過於求」的現象立刻浮現。

「難道歐洲國家沒碰到此一窘狀？他們也在恢復生產啊！」許多人大惑不解。「沒錯，歐洲國家也在戰後復甦，可是他們轟轟烈烈的打了四年多，生產效能的恢復還需要一段時日，所以他們出產的

商品數量不如美國；遭受退貨、接不到訂單的損失也比美國輕微。」經濟學專家的解釋讓大家頻頻搖頭，因為苦撐的日子不知何時才有轉機。

正當製造業面臨空前危機時，這把火也延燒到金融市場，股市、匯市的運作都出現問題，一些富商利用資金從事炒作，進而謀得利潤，把股票交易所變成是投機的賭博中心，慘遭套牢的小戶則是欲哭無淚。

經濟危機的浮現彷彿是骨牌效應，農產品出現「穀賤傷農」的危機，大小工廠相繼倒閉，股票市場「跌跌」不休……。

到了一九二九年，情況更為嚴重，紐約華爾街股市崩盤，十月二十四日那天，一千三百萬股股票在一天之內被瘋狂拋售，投資者的資金在一夕之間化為烏有，交易大廳內充斥著尖叫嘶吼聲，當場就有八個人跳樓自殺，這一天被稱為「黑色星期四」。

雖然兩億多的美金緊急進場護盤，但不到一週，又有九百二十五萬股股票被拋出，接著便是銀行破產、工廠倒閉、員工失業、通貨膨脹，層出不窮的問題讓這個世界第一強國的光環蒙上陰影。

幾年過去了，情況持續惡化。一九三三年，美國面臨三萬多家公司、工廠倒閉的困境，整體的工業生產力下降了百分之四十，而三千五百多萬的失業人口，僅靠著社會救濟勉強度日，他們很可能為了生計鋌而走險，做出危害社會秩序的不法行為。

至於那些吃不飽、穿不暖的孩童，跟著家人流落街頭、四處行乞，更是讓人心疼不已。美國既是世界經濟的霸主，引起的連鎖效應立刻顯現在其他各國，而形成全球性的金融風暴，全世界的生產力隨之退化，初步估計損失約有兩千五百多億美元，比一次大戰的損失還多了八百億，甚至引發政治危機，激化各種矛盾，軍國主義和獨裁政治因此興起，戰爭隨之引爆。

一九二九年的金融海嘯一直持續到一九三三年，當羅斯福總統推出「新政」，才逐漸挽回劣勢。如今二十一世紀，是否再度出現另一波全球金融風暴？人類是否可以運用智慧化解危機？且讓大家拭目以待！

現代社會：世界大戰的風起雲湧

戰爭與和平

一九四一年珍珠港事變，讓整個世界局勢出現逆轉。美國數艘軍艦和飛機盡遭炸毀，造成嚴重傷亡。

對於倫敦和巴黎的市民來說，悠閒的享用早餐，談論「軸心國」之中德軍的最新戰況，似乎是再平常不過的事了。他們萬萬沒想到，這種愜意的日子竟然稍縱即逝……。

西元一九三九年的九月，德國派出一百七十萬人的戰鬥部隊，突襲東歐的波蘭；半個月後，蘇聯也進占了波蘭的一部分。「這是波蘭在歷史上第五次被瓜分，真是太悲慘了。」當法國民眾對波蘭大表同情時，英、法兩國政府已經決定對德國宣戰。只不過，雙方初期的戰鬥並不激烈，德軍每天利用無線電廣播消蝕對方的士氣，真槍實彈的場面倒是不多，當時被報紙譏諷為「假戰」。

此時的中國，早已深陷與日本苦戰的局面。自從一九三七年七月的「盧溝橋事變」以來，中國各地不分大江南北和日軍纏鬥，相較於英、法的「假戰」，西歐的氣氛詭譎，彷彿是暴風雨前的寧靜。

從一九四〇年的上半年開始，德軍以迅雷不及掩耳的手法，攻下丹麥、挪威、比利時和荷蘭。「沒想到這些觀光客全是希特勒派來臥底的奸細。」「德國納粹黨的滲透真令人不寒而慄啊！」英、法兩國的民眾開始恐慌了。這時候，報紙一改過去的說法，而把德軍殘暴的戰術稱之為「閃電戰」。

歐洲各地的淪陷，讓英、法局勢岌岌可危。不出所料，德軍不久便把矛頭指向法國，僅僅三天的時間便攻下巴黎，八十四歲的貝當元帥（Marshal Petain）以維護古蹟為由，下令停戰求和。唯有軍政部次長戴高樂將軍（Charles de Gaulle），倉促遠避到倫敦。組織流亡政府繼續抵抗，並且激勵人民：「戰爭沒有失敗，國家沒有滅亡，希望沒有破滅，法國萬歲！」

面對來勢洶洶的德軍，英國的狀況更加緊張。首相邱吉爾（Winston Churchill）積極部署本土保衛戰。此時，希特勒以潛艇猛攻英國船艦，還佐以強大的空軍，輪番轟炸英國的港口和城市，企圖癱瘓英國的金融體系。短短幾個月之間，德軍投擲了將近二十萬顆炸彈，英國被炸毀的房屋多達數百萬間，生命財產的損失不計其數。但是，英國朝野表現出同仇敵愾的決心，和亞洲的中國一樣，永遠不向侵略者屈服，而要堅苦卓絕的撐到最後一刻。

迄今依舊置身事外的美國，雖然尚未捲入戰局，卻成為「民主國家的兵工廠」。美國國會在一九四一年三月通過「租借法案」，由羅斯福總統依照戰況需要，將各種軍事配備租借給友邦，解決各國武器不足的燃眉之急。例如：英國原本吃緊的軍火供應問題，立刻得到紓解，從此便穩如泰山，準備和德軍展開一場持久性的生死決戰。

「同胞們，我們身受轟炸的屠戮，遭受無情的摧殘；但是和法國相比，他們的境況更慘，不僅遭到德軍的掠奪，糧食、鋼鐵、各種物資加起來超過一百五十億美元，知識分子和技術人員還被押送到德國，受人驅使奴役。所以，我們務必團結自強，共禦外侮，敵人必定敗亡。」英國執政當局大聲疾呼，提振國人的戰鬥意志，讓大家共體時艱，等待黎明。

一九四一年年底的珍珠港事變，讓整個世界局勢出現逆轉。美國停泊在夏威夷珍珠港的數艘軍艦和一百七十七架飛機盡遭炸毀，造成三千多人傷亡。當美國總統羅斯福接獲消息時，他呆坐了整整十八分鐘，才沉痛的說了一句：「太慘了！」

美國在事變發生後立即對日本宣戰，「軸心國」的另外兩國德國和義大利，也隨之對美國宣戰，世界大戰由此展開。

美國參戰以後，一面支援亞洲的中國，一面協助英國轉守為攻。「軸心國」逐漸屈居下風，落敗指日可待。

到了一九四三年，義大利首先投降，「軸心國」中剩下日本和德國還在作困獸之鬥。這期間中國牽制了日本的百萬大軍，使其難以與德、義會合。中國軍隊不畏犧牲，堅忍不拔的精神，贏得歐美國家一致的推崇。

至於歐洲大陸，則又是另一番光景。雖然美國每個月運輸十五萬名士兵到達戰地，和英國的皇家空軍合作，連續轟炸德國境內的工廠和交通設施，以削弱德國的國力，逼使其投降；只可惜，德軍頑強抵抗依舊，大戰結束遙遙無期。

「戰爭每持續一天，就是無數生命財產的損失。所以，我們必須以霹靂戰術解救巴黎，使法國也成為反撲敵人的主力。這次的計畫，就叫做霸王行動。」美國和其他領袖會談時，選定巴黎西北方的諾曼第，做為攻防戰的登陸地點。

一九四四年六月六日凌晨，在最高統帥五星上將艾森豪的指揮下，一萬兩千多架飛機，載運著將近兩萬名傘兵，再配合兩千艘軍艦和四千艘海陸兩棲登陸艇，展開大規模的搶攻。剎時間諾曼第海灘便陷入一片火海，槍砲聲彷彿是地動天搖。

駐守諾曼第的德軍，以高射砲和機關槍對付空降傘兵，也對搶灘的數萬名兩棲部隊進行掃射，造成盟軍在一天之內，就有上萬人的傷亡。但是盟軍前仆後繼，不斷補充兵員，從六月六日這天開始，美國以每天三萬噸供應品，和三萬名士兵的數量，支援登陸的軍隊，全力迎戰德軍，最後以超過百萬的人數，在七月底攻破了德軍堅守的圍堵防線，並在八月收復巴黎，諾曼第戰役至此結束。盟軍以超過二十萬人受傷，三萬多人陣亡的代價換得勝利，堪稱是二次大戰歷史上最慘烈的一場戰役。

一九四五年的四月底，希特勒自殺身亡，戰爭接近尾聲，四個月後日本投降，人們終於盼得和平。但是，重整世界秩序，重建全球金融，是人類更艱鉅的課題。

史達林格勒攻防戰

負責指揮的崔可夫高喊：「史達林格勒絕對不會淪陷，直到最後一名士兵倒下。」

「不准後退一步！」德國的希特勒對第六軍團總指揮保盧斯下令。「寸土必爭絕不投降！」蘇聯的史達林向第六十二集團軍的崔可夫下令。西元一九四二年六月二十八日開始的「史達林格勒戰役」，是第二次世界大戰中最慘烈的一場戰役。德、蘇雙方一共投入了四百萬人次的兵員，在一百九十九天的攻防戰中，造成兩百多萬人的死傷。最後由蘇聯宣布勝利，期間德軍傷亡、失蹤、被俘的人數高達一百五十萬人，德軍「不敗之師」的神話破滅，從此難以扭轉劣勢，一九四五年四月三十日希特勒自殺，二次大戰的歐洲戰場隨之結束。

原名察理津的史達林格勒，位於伏爾加河畔，是蘇聯內陸河流的重要口岸，也是聯絡首都莫斯科的樞紐，更鄰近高加索石油產區和烏克蘭農業產區。一九二五年史達林執政，便將其更名為史達林格勒，成為蘇聯人民精神的堡壘，正如英國首相邱吉爾所言：「這座城市的名字，對希特勒而言就是一種挑釁。」

「我要讓俄國這個國名從歐洲的國家中消失，我要消滅次等民族斯拉夫人，要他們把土地讓出來，擴展我們德國人的生存空間。」希特勒的野心表露無遺。他狂傲的以為，日耳曼

人是世界上最優秀的民族，在二次大戰期間，他屠殺了六百多萬名猶太人，還把矛頭指向蘇聯。

西元一九四一年六月二十二日，德國出動了五百多萬名兵力，三千七百輛坦克車，全力猛攻蘇聯，並且在開戰兩小時之後才向蘇聯宣戰。蘇聯在應變不及的情況下，遭受德軍的迎頭痛擊，第一天就損失了一千四百八十九架飛機，其中的八百多架尚未起飛就被炸毀。

「哈哈！我就知道蘇聯難以招架。史達林執政以來大搞黨內鬥爭，處決了三千多名軍官，有實戰經驗的領導階層不見了，部隊裡百分之七十五的士兵到任還不滿一年，他們怎麼可能是我們的對手呢？」希特勒志得意滿的以為，蘇聯首都莫斯科即將成為囊中之物。

不過，被德國視為所向無敵的「閃電戰術」，在幅員廣大的蘇聯境內卻是難以發揮，想當初可以席捲西歐，輕易的攻占奧國、捷克、波蘭、比利時、法國和巴爾幹半島，如今卻顯得窒礙難行；一九四一年年中，德國準備一舉攻占莫斯科，不料這一年的冬天提早降臨，十月六日便落下秋雨，德軍的坦克車深陷在泥濘中動彈不得，士兵忍受著風吹雨淋瑟瑟發抖，而後方的補給卻遲遲不能到來。

「我們已經到了山窮水盡的地步，零下三十度的氣溫讓士兵罹患凍瘡，甚至必須截肢保命；坦克車和汽車的水箱被凍裂，發動機難以啟動，禦寒設施和冬衣都不足，而蘇軍已經展開反攻。」德軍戰事前線傳來的消息讓希特勒心煩不已，到了一九四二年四月，德國以死傷五十萬人，損失坦克一千三百輛，汽車一萬五千輛的代價，結束了「莫斯科戰役」。但是希特勒並未死心，第二年，他又發動攻勢，要在「史達林格勒戰役」中，將所有失去的連本帶利追討回來！

「密集轟炸摧毀史達林格勒！」希特勒的指令一下，史達林格勒城內建築的百分之九十成了廢墟，六十萬居民家破人亡不知凡幾。弔詭的是，廢墟反而成了德軍的致命傷。因為，德軍向來自傲的坦克車竟被瓦礫圍困，半毀的房舍變成掩護，正好是蘇軍狙擊手的藏身所在，在貼近到幾乎聽得見對方呼吸聲的肉搏戰中，德軍遭受無情的襲擊，蘇軍派出一批批神槍手進行巷戰，負責指揮的崔可夫高喊：「我絕對不會離開這裡，直到戰死在巷弄間；史達林格勒絕對不會淪陷，直到最後一名士兵倒下。」

煙硝瀰漫中，工廠裏的作業員一部分護衛著廠房，一部分繼續從事生產製造，一輛戰車才剛組裝完成，就由工人駕駛直接衝入戰場，激烈的戰鬥就在身旁展開。一名德國士兵在日記中寫道：「史達林格勒不再是一座城市，而是殺人的地獄，街道不以公尺計算寬度，而以陣亡的血肉之軀來堆砌……。」

德軍的總指揮保盧斯看著一波波倒下的士兵，他已經不知道自己為何而戰，而酷寒的冬天正悄悄逼近，眾人凍餓而死的慘劇即將再度重演。「請求元首准許撤退！」「不許投降！你身為元帥，我們德國軍隊裡從沒出過變節投降的元帥！」希特勒在一九四四年一月三十日將保盧斯加官晉爵，另有一百一十七名軍官也升了等級，目的就是要大家奮戰到底。但是，保盧斯已經厭倦了這一切，他在一月三十一日帶領殘餘部眾九萬一千人向蘇軍投降，最高榮譽的元帥徽章還沒到手，不過，在他的眼中，那似乎已經不再重要。

一九四三年二月二日蘇聯宣布勝利，希特勒氣急敗壞，大罵保盧斯愧對德國；為了保存德軍的顏面，希特勒對外宣稱保盧斯可能戰死沙場，也可能自殺殉國，或是被敵軍擄獲後自裁身亡。但是，身在戰俘營的保盧斯，竟在一年後公然發聲，呼籲德國人民脫離希特勒的統治，以停止戰爭的方式拯救德國，這讓希特勒怒不可遏。無法改變的是，德國的戰敗終將成為定局。

「史達林格勒戰役」結束後，邱吉爾曾經代表英國國王喬治六世，向史達林格勒的人民致敬；美國總統羅斯福也讚譽該城市民的堅毅卓絕，粉碎了德國侵略的野心，堪稱是二次大戰中的轉捩點。回首前塵，不論誰是誰非，後人應該謹記的，是絕對不要輕啟戰端，造成難以彌補的浩劫，但願天下昇平，日日美好。

不能說的祕密雅爾達密約

為了縮短戰爭時日，減少自身的損失，英、美兩國答應蘇聯的要求，嚴重的影響了中國的權益。

黎明的曙光揭開一天的序幕，但是，羅斯福總統的心頭總覺得沉重異常，原因之一是自己的健康每況愈下；另一方面，美國捲入第二次世界大戰已經超過三年了，令人擔憂的是，戰爭不知還要持續多久？

「總統先生，您現在要用早餐嗎？」「嗯！再等一會兒！」羅斯福低頭沉思，想到戰場上的士兵，他們可有熱騰騰的早餐可以享用？

第二次世界大戰的亞洲戰場，開始於一九三七年的七月，也就是日本進攻中國的「盧溝橋事變」；接著希特勒在歐洲展開一連串的軍事侵略，迫使英、法等國在一九三九年對德國宣戰，歐戰由此展開。

此時的美國，與亞洲以太平洋相隔，與歐洲以大西洋相隔，頗能享有難能可貴的平靜。

但到了一九四一年的十二月七日，日軍兩百六十架戰鬥機偷襲美國在夏威夷的海軍基地珍珠港，造成美國損失慘重，羅斯福在當天對日本宣戰，歐、亞、美、非各戰場合流，成了真正的世界大戰。

羅斯福的宣戰，彷彿是給久戰的中國和英國打了一劑強心針。「美國一年的武器生產總值，由八十四億美元遽增到兩百億美元，可說是一支生力軍。」「是呀！戰前一年的飛機總產量只有五千架，現在則逼近十萬架，還怕打不贏日、德、義三國嗎？」當「盟軍」英、法等國的高階軍事將領看到這些數據，無不信心滿滿，一致認為有了美國的助益，「盟軍」已是勝利在望！

可惜事情的發展，並沒有想像中順利。戰爭一天天持續，生命及財務的耗損一年年加劇，身為「盟軍」龍頭老大的美國壓力倍增，偏偏自己的健康又亮起紅燈，讓羅斯福總統心力交瘁。

到了一九四三年中，義大利率先投降，「軸心國」僅剩德、日兩國在做最後的纏鬥。此時羅斯福第三任總統任期接近尾聲，為顧全大局減少變動，他投入第四任總統大選的競選活動。

「爭取連任並不是我的最終目標；能終止戰爭，早日看到世界和平的降臨，才是我最大的心願。」當他語重心長的說了這些話時，心裡已經有了盤算。

一九四五年二月，羅斯福第四次當選總統，他帶領高階軍政首長，飛往黑海邊際的城市雅爾達，和英國首相邱吉爾、蘇聯領袖史達林，進行一場重要的外交會議。

「德軍聲勢已如日落西山，投降是必然的事，目前僅餘日本在做垂死掙扎，如何迫使日軍早日投降，減少我方的耗損，需要大家有志一同。」羅斯福率先表示。「我軍苦戰多年，也盼望早日能結束苦難，還給世人和平安寧。」邱吉爾附議。

「嗯！你們的意思是要我對日本宣戰，迫使他們投降？」史達林問道。「沒錯！軍事專家估計，一旦德軍投降，『盟軍』尚需十八個月的時間才能擊敗日本；美國至少要付出一百萬名兵員的代價，而英國也得犧牲五十萬人，這是極殘酷的事。」羅斯福顯得憂心忡忡。此時原子彈尚在研發的階段，這個致命武器何時能派上用場，還是未知數！

「好吧！我會在德國投降三個月後對日本宣戰，但是有交換條件，那就是中國要……。」史達林毫不遮掩的顯露出侵略中國的野心。

為了縮短戰爭時日，減少自身的損失，羅斯福和邱吉爾在中華民國並不知情的情況下，和蘇聯簽下「雅爾達密約」，答應蘇聯許多要求，諸如「蒙古人民共和國」維持現狀，蘇聯享有在中國東北大連商港的優先利益，旅順軍港則成為蘇聯的軍事基地，蘇聯可以經營中東、南滿兩條鐵路，千島群島、庫頁島南部以及鄰近島嶼割讓給蘇聯等等條款，這些都嚴重的影響了中國的權益，史達林自知要求過分，意有所指的說：「萬一中國政府有意見的話……」「你放心，美國一定勸說中華民國接受這些條款。」羅斯福提出保證。於是，我國被迫簽下「中蘇友好同盟條約」，等於承認了這一切。

「雅爾達會議」結束後約二個月，羅斯福病逝，之後原子彈也研發成功，繼任的杜魯門總統，在八月六日和九日各投下一顆原子彈於日本的廣島、長崎，日本終於在十四日宣布投降。

至於應允作戰的蘇聯，眼見日本即將崩潰，搶先選在八月八日對日本宣戰，完成了「雅爾達會議」中的承諾；所以，「雅爾達密約」的內容也必須一一兌現，蘇聯竟成為最大贏家！

「雅爾達密約」導致蘇聯輕易的占領了中國東北、外蒙，還增強中共的實力，扶植毛澤東的政權，導致中國大陸在一九四九年淪為赤色統治，蘇聯又在朝鮮半島北部成立了北朝鮮共黨政權，在亞洲可說是取得了前所未有的優勢。

第二次世界大戰結束後，雖然沒有大規模的戰爭，但中華民國政府遷台，海峽兩岸的分裂及一九五〇年爆發的「韓戰」，都和蘇聯脫離不了關係；而「雅爾達密約」貽害無窮，可能是羅斯福急於終結戰爭的當時所始料未及吧！

臨危不懼邱吉爾

當你恐懼發抖，尚不表示災難到來，如果缺乏勇氣而逃避，那才是災難的開始。

「英、法和德軍的『假戰』持續！」報紙上斗大的標題，似乎沒有激起英國民眾的危機意識，大家的生活一如往昔，儘管英、法兩國已在一九三九年九月向德國宣戰，不過，德軍並未發動猛烈攻擊，收音機廣播的聲音還多過隆隆砲聲。「德軍只用宣傳來瓦解我方士氣，看來他們的兵力薄弱，對我們是敬而遠之吧！」「第一次世界大戰的教訓還不夠嗎？德國是戰敗國，豈敢輕啟戰端自斷生路？」英、法兩國在一次大戰後瀰漫著和平主義，人民因為戰勝而沾沾自喜，唯獨邱吉爾抱持不同的看法：「希特勒有備而來，情勢對我絕對不利。」

此時，德國正利用英、法這種懈怠鬆弛的心態，積極擴充軍備，籌措侵占北歐的策略。數月之間，德軍襲擊了丹麥、挪威、荷蘭、盧森堡和比利時，此時英、法才開始緊張，「假戰」的稱謂立刻被改成「閃電戰」。倫敦街頭充斥著惶恐和不安，因為，報社發行的號外上印著：「巴黎淪陷！法國向德求和。」此時擔任英國首相的，是六十六歲的邱吉爾。

「當你恐懼發抖時，尚不表示災難到來，如果你缺乏勇氣而逃避，那才是災難的開始。」邱吉爾沉著的表示。他知道孤懸海外的英國雖未被德國占領，但是躲不過一場硬戰，苦難更不知何時告終。但是無論如何，大家一定要堅持下去。

邱吉爾（Winston Churchill）出生在西元一八七四年，從小聰明淘氣，七歲時進入愛爾蘭著名的喬治寄宿學校，該校規矩森嚴，老師鐵面無私，邱吉爾經常因為觸犯校規而受罰。有一次放假返家，母親發現邱吉爾身上的傷痕，終於決定轉學，才未造成他身心更大的創傷。

青少年時期的邱吉爾活潑好動，喜歡和同學玩作戰遊戲，對軍事和歷史特別著迷，他十九歲時考上皇家軍事學院，如願以償成為一名軍官。

邱吉爾的思慮敏捷，卻因口齒不清而受人揶揄。因為，他有輕微的口吃，很難侃侃而談。「我一定要克服！」邱吉爾每日早起，到清幽的林間小徑對空說話，訓練自己的膽識和發音。數年以後，他口吃不再，反而成為一名表現出色的演說家。

西元一八九九年邱吉爾辭去軍職，遠赴南非擔任戰地記者，這是一份極具挑戰性的工作，但邱吉爾做得有聲有色，他以敏銳的目光捕捉新聞，以犀利的文筆分析真相。在「布爾戰爭」期間，邱吉爾因為進行深入報導潛近敵營，竟被敵方俘虜，好在他機警的逃脫，如此反而增加他的知名度，也展開他的政治生涯。此後，他擔任過各項政府官職，熟悉各部會的運作，累積豐富的從政經驗。

當時的英國首相張伯倫採取「綏靖政策」，對希特勒的進逼步步退讓，甚至暗中首肯德軍併吞捷克，直到一九三九年德軍又攻波蘭，「綏靖政策」全面失敗，張伯倫去職，邱吉爾才在一九四〇年，二次大戰最艱苦的時段出任首相。

「我們將以最有限的人力，爭取無限的榮耀。」邱吉爾視察空軍部隊，發現飛行員一天之中得出三次任務，才能應付德軍大規模的襲擊。「德軍每天出動一千架飛機對我發動攻擊！」幕僚的報告讓邱吉爾沉思不語，因為他預想得到，更艱苦的戰鬥還未開始……。

嗚嗚的警報聲不時響起，倫敦每天遭受敵機無情的轟炸，時間長達五十七天！僅僅兩天之內就死了八百多人，邱吉爾面對無辜的災民，一片廢墟的家園，不禁淚流滿面。但是，除了堅持，英國已經別無選擇。

「總統閣下！你我三百年前是一家，畢竟是血濃於水啊！」邱吉爾提筆寫信給美國總統羅斯福，尋求美方的支援。此時美國雖未捲入戰爭，但總不能坐視不管。於是，羅斯福正式說明美國將成為「民主國家的兵工廠」，立即給了英國步槍五十萬支，機關槍八萬支，子彈一億三千萬發，和驅逐艦五十艘。

一九四一年的十二月七日，「珍珠港事變」震驚全世界，羅斯福氣急敗壞，立即對日宣戰，美國傾全力而出，一面支援亞洲的中國，一面協助英、法反攻，戰爭的局勢出現大逆轉。邱吉爾冒著被德軍襲擊的風險，在該月二十二日出訪美國，和羅斯福就戰場的布局再作詳談。「有了貴國這支生力軍，德國遲早必敗；不過，戰後世界秩序的重整，還有賴幾個大國的統籌規劃。」這就是一九四二年元旦，由中、美、英、蘇所共同簽署的「聯合國宣言」草案。

為了早日收復巴黎，邱吉爾和羅斯福針對開闢「第二戰場」一事交換意見。「英、美聯軍若是駐防在法國的諾曼第半島，對德軍造成東、西兩面受敵的窘狀，他們必定難以支撐。」羅斯福提出看法。「我認為『第二戰場』應開在巴爾幹半島，由剪刀狀的進逼迫使德國投降，同時可以預防蘇聯對巴爾幹半島的突襲。」邱吉爾指著地圖作解說。當時大家公認羅斯福的規劃最為完善，這就是一九四四年極為慘烈的戰役——諾曼第登陸，英、美聯軍用生命換得攻防戰的成功；可是，邱吉爾的預言不幸成真，二次大戰結束後，蘇聯的軍隊長驅直入，巴爾幹半島被關入「鐵幕」，時間將近半世紀！

「鐵幕」一詞出自邱吉爾的戰後演說，對共產主義的形容淋漓盡致。因為，共產國家蔑視人權，剝奪人民自由，一黨專政的統治方式，果真就是「鐵幕」！這句話也被視為美、蘇之間「冷戰」的開端。邱吉爾不愧是諾貝爾文學獎的得主。

其實邱吉爾也是一個言辭幽默的人，他經常說些詼諧的笑話，化解僵持不下的場面。二〇〇二年英國進行一項「百大英國重要人物」的民意調查，邱吉爾排名第一，他那高瞻遠矚的智慧，正是所有政治人物的典範。

「以退為進」敦克爾克大撤退

大家卯足全力，支援這次的營救任務，代號是「發電機行動」。

莊嚴肅穆的巴黎聖母院大教堂裡座無虛席，上至總理達拉第，黨政軍各界首長，以及參與彌撒的一般民眾，每個人的臉上都流露出哀悽，並且虔誠的向天父默禱：「請求上帝的恩典庇祐法國。」因為，五天之前，固若金湯的馬其諾防線被德軍攻破，軍事重鎮色當城被占領，全國人心惶惶，所以才有這場特別彌撒的舉行，時為西元一九四〇年五月十九日。

「法國的士氣不振，全國一片低迷。」就任不到兩週的英國首相邱吉爾剛從法國訪問回來，做出上述的表示。他立刻著手在國內準備應戰，因為，來勢洶洶的德軍，是絕對不會放過英國的。

如今英、法兩國的聯合部隊，約有四十萬人被圍困在法國北境的海邊。眾人所面臨的險境，是前有洶湧波濤，後有敵人的千軍萬馬，他們唯一的機會，就是從敦克爾克港口撤退，越過英吉利海峽而返抵英國，可是，德軍會放他們一條生路嗎？

敦克爾克只是法國排名第三的一個小港，規模遠遠不及馬賽及波耳多。當地的居民不足萬人，港區只能停泊七艘大型船隻，另有四個船塢。在德軍的密集轟炸下，港區很可能會化為灰燼，想要在數日之內把四十萬人撤離，幾乎要靠奇蹟出現！

「報告首相，港內還有一條長約一千兩百六十公尺的木製便橋，可作臨時救援之用。」邱吉爾聽聞後沉默不語。他猜想這條寬度僅容三人並肩而行的便橋，大概也維持不了多久。果然，木樁和木板搭建的便橋，不經數日便遭炸毀。

「我們不能只靠祈禱，而是必須全民齊心，抱定誓死不降的決心，再結合上帝賜予的力量，和納粹這個最邪惡的勢力對抗到底。」邱吉爾堅決的表示。於是，在國家廣播公司的宣傳號召下，一支「無敵艦隊」成立了。

這是一支五花八門，無懼敵人的船隊，其中包括私人遊艇、漁船舢舨、警方的巡邏艇、緝私船、軍方的巡洋艦、驅逐艦等等將近千艘之多；駕船的人員更是形形色色，有軍人、警察、漁民、醫生，還有退休人員，大家卯足全力，駛向敦克爾克附近的海域，支援這次的營救任務，代號是「發電機行動」。

一九四〇年的五月二十七日是撤退的第一天，卻也是英法聯軍口中的「血腥星期一」。因為，德國空軍在該日投下一萬五千多枚炸彈，聯軍的撤退行動極為艱困，只有數千人乘船離開。「我們只能撐得了一個星期，最多可以撤出四萬人，德軍的裝甲師就會攻下敦克爾克，至於剩下的數十萬人，就只能聽天由命了。」會議中的估算，是任由數十萬人成為德軍的俘虜，邱吉爾和眾人都是心情沉重。

但是，奇蹟竟然發生了，接連兩天的氣候驟變，敦克爾克地區烏雲密布，德軍的轟炸機因為能見度太低而取消起飛，如此大有利於撤退行動的進行，英法軍隊魚貫上船，兩天之中撤離了好幾萬人。

「你們知道嗎？希特勒在前兩天發布了一道詭異的命令，叫敦克爾克附近的德軍裝甲師停止前進，坦克車部隊足足有四十八小時原地不動，未對我方發動攻擊，我們才多了一些準備撤退的喘息空間。」邱吉爾根據情報資料，做了以上的評析。這可以算是撤退行動中的另一項奇蹟。

令人不解的是，希特勒為什麼會下達這道指令？被部下戲稱是「眼睜睜的看著敵人逃走」，原因究竟為何？希特勒是為了減少坦克車的折損，還是為了讓空軍有個表現的機會？這個答案至今無人能解，已經成為歷史上永遠的謎團。

就在撤退行動分秒必爭的部署時，軍隊裡竟然流傳著一句謠言：「每多救一名法國人上船，就少救了一名英國人。」這個說法讓大家惶恐不安，如果此時英、法不能團結，撤退的效果勢必大打折扣。邱吉爾急如星火，立刻飛到巴黎去做解釋，並且調整撤退人數中兩國的比例，讓英、法兩軍的人數同時攀升，才能同心協力，抵禦德軍的攻擊而加速撤退。

「發電機行動」從五月二十七日展開，到六月四日一共九天，撤出了三十三萬八千人，加上之前陸續撤離的兩萬九千人，總數遠遠超過當初的預期目標；而軍隊裡人人遵守秩序，在槍林彈雨，砲聲隆隆的震懾下，從未發生過爭搶之事，堪稱是第三項奇蹟。例如：六月二日星期天，隨軍神父依照往例進行禮拜時，只能克難的以海灘為場地，大家卻是秩序井然，在德軍猛烈的炮火襲擊下，祈禱中斷了五次，但是，上帝的恩典始終與眾人同在。

敦克爾克大撤退以退為進的策略，在歷史上是一次成功的戰役，也是英國人愛國心凝聚的表現。有人半開玩笑說道，在「發電機行動」進行的那幾天，英吉利海峽凡是可以漂浮的工具，全都趕到敦克爾克去支援撤退了；但是，邱吉爾明確的表示：「我們不能用光榮的撤退來爭取勝利，這是一場不知何日可以終結的戰爭。」的確，在德國閃電戰術的攻擊下，敦克爾克撤退結束後的半個月，巴黎便淪陷了，許多人眼見法國國旗的撤降而潸然淚下，但這只是苦難的開端。第二次世界大戰的歐洲戰場，一直延續到一九四五年的五月初才結束。但願人類再也不受戰爭威脅，不再忍受浩劫餘生了。

現代社會：世界大戰的風起雲湧

危機總動員的杜魯門

「把全球置於美國的支配之下，圍堵以蘇聯為首的共產主義。」

戰爭無止境的持續著，「軸心國」德、日、義三國，和反軸心國的中、美、英、法、蘇等國，都承受莫大的壓力。因為，難以估計的人員死傷，以及財物損失也一直增加……。

直到一九四五年中期，義大利和德國已經戰敗投降，惟獨日本依然苦戰不休。「日本若不能早日投降，即將面臨極為可怕的後果！」當美國發出警語的同時，原子彈正處於即將研發成功的關鍵時刻。

該年的八月六日，下令在廣島投下第一顆原子彈的美國總統，就是杜魯門（Harry Truman）。接續投在長崎的第二顆原子彈，終於迫使日本投降。但是，蘇聯開始在遠東地區和美國搶奪勢力範圍，扶植了中國和韓國的共產政權。美、蘇的同盟關係走到盡頭，兩國之間明爭暗鬥由此展開，人類的和平再度蒙上陰影，史稱「冷戰」時期。

第二次世界大戰剛結束，世界秩序急需重整，美、蘇的冷戰危機卻鋪天蓋地而來，人們生活在核戰威脅的煎熬下，杜魯門不得不面對因應。杜魯門原是羅斯福總統的副手，羅斯福在一九四五年四月十二日因腦部病變猝逝，便由杜魯門繼任總統。「在我擔任副總統的幾個月裡，很少參與內閣會議，甚至不了解政府部門的計畫，原子彈研發的狀況更不會通知我；如今我卻是世界第一強國的美國總統，這種角色轉變真是太快了！」杜魯門事後回憶。不過，他把步伐調整得很靈活，處理詭譎多變的國際危機。

杜魯門宣稱：「美國要以拉丁美洲為後院，以太平洋為內湖，以大西洋為內海，以歐洲為重點，把全球置於美國的支配之下，圍堵以蘇聯為首的共產主義。」

在二次大戰中成為軍事強國的蘇聯，自然不會聽任美國擺布。因為他也如同美國一般，擁有足以毀滅全人類的超級核武。兩國相互威懾，把整個地球籠罩在核戰的陰影下，人們不禁要問：「美、蘇在聯合國裡高唱和平共處的『和』，究竟是『和平』還是『核武』？」

一九五二年年底，美國進行了首次氫彈實驗。蘇聯也不落人後，數月之後，宣布成功試爆了據稱是世界上第一顆，威力更驚人的氫彈。此後雙方甚至把競爭場域延伸到外太空，陸續締造發射人造衛星、登陸月球的創舉。

「報告總統，我們和蘇聯都竭力謀求壓倒對方的優勢，這種惡性循環的核武競賽，已經造成全球的恐慌。」幕僚的分析，讓杜魯門陷入沉思。

記得那是一九四八年，美、蘇首度對峙的「柏林危機」。當時蘇聯封鎖了西柏林，杜魯門當機立斷，下令組織大型空運系統，以空投物資的方式，協助西柏林支撐直到蘇聯解除挑釁。共計有二十七萬七千七百二十八次班機，載運民生物資，降落在西柏林機場。同時，杜魯門還建議成立軍事同盟，確保西方國家的安全，這就是著名的「北大西洋公約組織」。

「冷戰」期間不乏擦槍走火，「韓戰」即是一例。一九五〇年六月，北韓突然襲擊南韓。當時杜魯門迅速授權給美國駐韓軍事顧問，協助南韓抵抗北韓的攻勢，同時命令美國「第七艦隊」協防台灣海峽，嚇阻中共對台灣發動攻擊。韓戰在一九五三年結束，美國先後動員了一百二十萬人次的兵力，這是美、蘇交手以來，雙方第一次大規模的國際性戰爭。所幸朝鮮半島的戰爭沒有擴及中國，一九五四年美國和台灣簽署「中美共同防禦條約」，確保台海安全，並讓中華民國成為東亞地區的反共堡壘。

儘管學者專家對韓戰的褒貶不一，但可以確定的是，杜魯門的處理方式，沒有將韓戰提升為足以摧毀全球的美、蘇大戰，這是不容忽視的歷史定位。

一八八四年出生的杜魯門，是密蘇里州拉瑪小鎮一個貧窮的農家之子，由於家庭條件不好，生活十分艱辛。在他準備上大學的前夕，他的父親賠光了所有積蓄，讓他失去入學的機會。杜魯門本想報考公費的西點軍校，卻因視力太差而遭淘汰，他只好回到鄉下幫助父母務農，因此成為二十世紀美國歷史上，唯一沒有讀過大學的總統，被人戲稱為「來自密蘇里的小人物」。

一九一四年第一次世界大戰爆發後，杜魯門加入軍隊，因為作戰英勇晉升少校。返鄉後他和地方派系往來密切，獲得支持而當選法官。但正因為支持他的首領具有黑道背景，讓杜魯門的從政之路，始終逃脫不出這個陰影。「我從不對此巧言辯解，黑社會首領聲名狼藉是事實，曾經對我大力提攜也是事實，我不能做個忘恩負義的人。」杜魯門坦承一切。後來，這位黑道首領因罪入獄，而且死於獄中，杜魯門一直照顧他的遺孤，以報當年之恩。

一九四四年二戰末期，羅斯福競選第四任總統，杜魯門因為人脈廣而被提名為副總統候選人，兩人順利當選。不料數月間，杜魯門便由副手晉升為總統，直到一九五三年一月，新任總統艾森豪就職，杜魯門才正式揮別白宮，結束八年多的總統職責。他在離職演講中說道：「我不是一個偉大的總統，但我敢說，我一直朝著這個方向努力。」他重返故鄉平靜生活，一九七二年以八十八歲的高齡去世。

以阿戰爭何時休

協商、和談、簽約，戰火依舊在邊打邊談中持續著。雙方達成共識實屬不易。

前有波濤洶湧，後有追兵萬千。「我們該怎麼辦啊？」摩西（Moses）沉思不語，抬頭仰望天際，心中默禱：唯有上帝能賜予平安，保佑我們度過難關。於是風起雲湧，海面上出現一條通路，希伯來人（猶太人）橫渡紅海，奔至阿拉伯半島的巴勒斯坦，尾隨而至的埃及追兵卻被淹沒在巨浪中，猶太人終於脫離苦難的奴隸生涯，在這塊「蜜與奶之地」建立了希伯來王國，時約西元前一二六〇年。

「我們是上帝的選民，在這塊上帝應許之地安邦立業！」猶太人大聲歡呼。他們歷經了大衛王（David）和所羅門王（Soloman）父子的強盛時期，將「耶布斯」城（Yevus）改名為「耶路撒冷」，定為首都和宗教中心，並且建立聖殿，堪稱是希伯來王國的黃金時代。

可惜所羅門王死後國勢衰微，先後亡於兩河流域的強悍民族亞述人和加爾底亞人，聖殿慘遭摧毀，猶太人再度淪落為奴，並飽受征戰之苦，兩河流域又落入波斯帝國的統治。

西元前五一五年，聖殿在波斯人的允諾下修竣完工，但這塊「上帝應許之地」總是不斷招致入侵者，希臘、埃及、羅馬掀起政治狂瀾，戰火不斷的肆虐該地。西元前六十四年，羅馬「前三雄」之一的龐貝將軍（Pompey）攻占了耶路撒冷，巴勒斯坦地區的猶太人完全被羅馬帝國所控制，再也無力反抗，期間最重要的大事，就是耶穌誕生於巴勒斯坦的伯利恆。

耶穌所創的基督教一直被羅馬視為邪教而屢遭迫害，耶穌被釘上十字架，在耶路撒冷殉道，耶路撒冷成為他們的精神地標。此後為了爭奪耶路撒冷，猶太人與羅馬不斷的抗爭，西元七十年，約有一百萬名猶太人慘遭屠殺，羅馬軍隊凶暴的摧毀聖殿，只剩下西邊一面高牆，這便是猶太人心靈所繫，象徵最具神聖力量的「哭牆」。

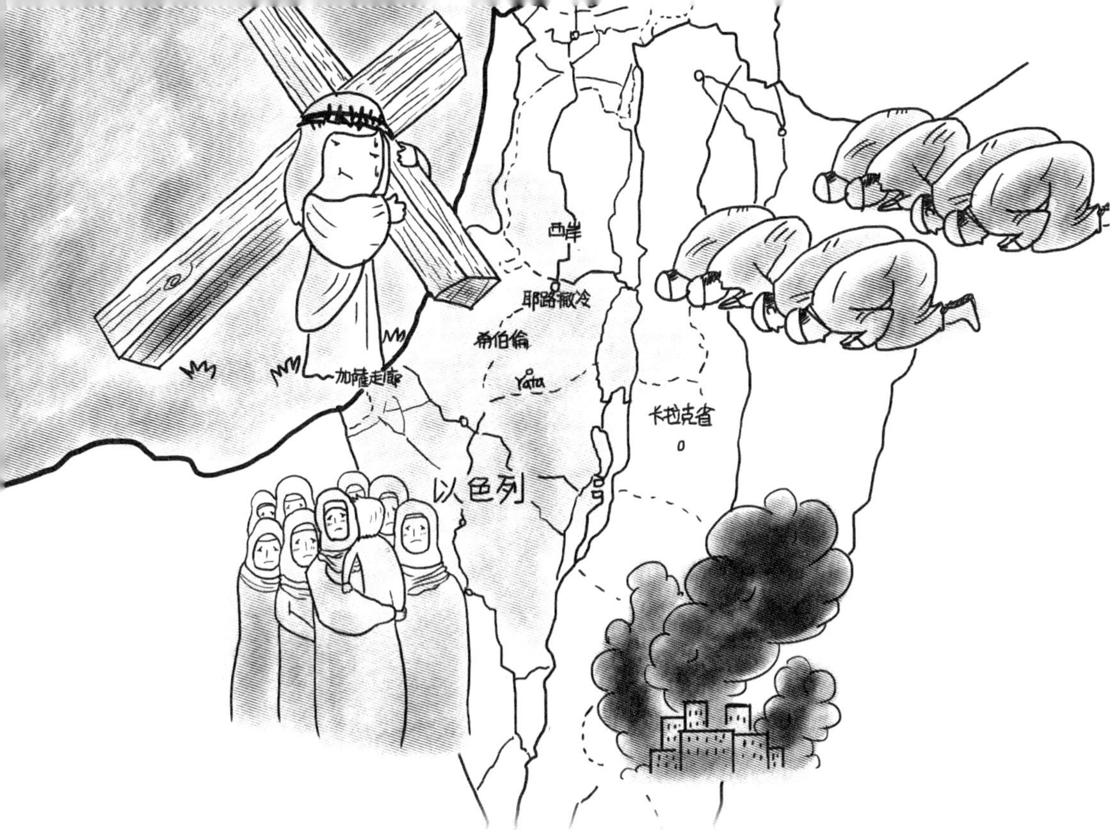

殘餘的猶太人被羅馬帝國放逐到世界各地，他們顛沛流離，四處飄零，成為歷史上流浪時間最久的難民。雖然羅馬君主君士坦丁大帝在西元三一三年，宣布基督教為合法宗教，之後的狄奧多西甚至將基督教訂為國教，但對殉道者而言，鮮血換得的代價來得太遲，而猶太人悲慘的命運卻未終結……。

西元六世紀時，穆罕默德降生在阿拉伯半島，受到真神阿拉的啟示而創立伊斯蘭教，成為凝聚阿拉伯民族的一種力量。西元六三二年穆罕默德逝世，阿拉伯民族不斷的擴張勢力，建立雄跨歐、亞、非三洲的大食帝國，還在中亞的怛羅斯打敗中國的軍隊，時為唐玄宗在位的後期。

「除了抵抗我們別無選擇，被武力侵占的，終將以武力討回！」猶太人信誓旦旦所要征討的，是他們心目中永遠的聖地——耶路撒冷；可是，穆罕默德最初曾以耶路撒冷為教徒禱告的方向作依歸，後來才改為麥加。所以，耶路撒冷也是伊斯蘭教信徒的三大聖地之一，雙方互不相讓，殺戮慘烈可想而知。

阿拉伯帝國的稱霸讓歐洲人心惶惶，伊斯蘭教勢力的增長讓基督徒忐忑難安。於是，就在羅馬教宗的號召下，歐洲人從西元第十世紀組織了十字軍，千里迢迢的展開東征。不過，由於十字軍的組成分子複雜，戰鬥力遠遠不及雄踞阿拉伯半島的伊斯蘭教教徒，巴勒斯坦地區除了在西元一〇九九年至一一八七年之間，曾被十字軍掌控，其餘的時間都在阿拉伯人手中，基督徒想要徹底收復聖地耶路撒冷，仍是遙不可及的目標。

隨著歐洲工業革命的展開，白種人以軍事優勢席捲亞、非、拉丁美洲，巴勒斯坦在一次大戰期間成為英國的託管地區。可是，二次大戰爆發後，約有六百三十萬名猶太人遭到納粹德國的殺害，引發國際同情，而散居在美國的猶太人則累積了政經實力，便在「讓猶太人復國」的強烈呼聲下，大量猶太人重返《聖經》記載的「上帝應許之地」巴勒斯坦，積極籌劃建國大業，卻造成世居在此地的阿拉伯人的恐慌。

西元一九四八年五月十四日，猶太人宣布建立國家——以色列。爭端就此展開。「原先是他們流離失所，如今他們搶奪我們百分之八十的生存空間，我們倒成了難民！」不斷被迫撤離的巴勒斯坦難民由數十萬，增加到百萬之眾，到了二十世紀末葉，人數直逼三百六十萬！他們眼見返鄉無望，便組織各種游擊隊，統稱為「巴游解放組織」，以恐怖主義的鬥爭方式，長期消耗以色列的作戰實力。

對於得來不易的建國成果，所有猶太人不論是否入籍以色列，使命感都特別強烈。他們以實際行動支持國家與「巴游」抗爭到底。所以，以色列自建國以來就處於備戰狀態，「全國皆兵」、「主動出擊」成為每個國民的信念；「巴游」也不遑多讓，他們訴諸團結阿拉伯人的伊斯蘭教，把以、阿衝突，擴張成為基督教世界與伊斯蘭信徒的戰爭。劫機、綁架、暗殺、爆炸……，層出不窮的恐怖事件，主要是因為歐、美國家多半基於信仰基督教而支持以色列，和猶太人不謀而合，卻開罪於阿拉伯民族。致使一場區域性的戰爭，演變成全人類揮之不去的噩夢。甚至與政治並無關聯的奧運會都慘遭波及，西元一九七二年的慕尼黑奧運期間，就發生十一名選手被殺的慘劇，二〇〇一年紐約雙子星大廈遭毀的「九一一事件」，更讓世人記憶猶新。

協商、和談、簽約，經過聯合國斡旋，以及美國的居中協調，戰火依舊在邊打邊談中持續著。到了西元一九八八年，巴勒斯坦也宣布獨立建國，美、蘇兩大強國都出面邀約，巴勒斯坦和以色列就國界問題，以及耶路撒冷主權歸屬展開對話，可惜因為雙方堅持的癥結太過複雜，達成共識實屬不易。

或許人人都是求和心切，但要完全擺脫宿怨，化解仇恨，接納對方，並不是一項簡單的任務。如今舉世都在矚目，這片「上帝應許之地」和平的到來，願真神阿拉與上帝耶和華都能悲憫眾生，讓人民早日享受安寧幸福，歲月靜好。

中小學生學習書
中小學生必讀西洋歷史轉捩點

2015年9月初版　　定價：新臺幣270元

著　者	曹若梅
繪　者	吳宏聰
發行人	林載爵

出版者	聯經出版事業股份有限公司
地址	台北市基隆路一段180號4樓
編輯部地址	台北市基隆路一段180號4樓
叢書主編電話	(02)87876242轉213
台北聯經書房	台北市新生南路三段94號
電話	(02)23620308
台中分公司	台中市北區崇德路一段198號
暨門市電話	(04)22312023
台中電子信箱	e-mail：linking2@ms42.hinet.net
郵政劃撥帳戶第	0100559-3號
郵撥電話	(02)23620308
印刷者	世和印製企業有限公司
總經銷	聯合發行股份有限公司
發行所	新北市新店區寶橋路235巷6弄6號2樓
電話	(02)29178022

叢書主編	黃惠鈴
編輯	張玟婷
校對	趙蓓芬
整體設計	陳巧玲

行政院新聞局出版事業登記證局版臺業字第0130號

本書如有缺頁，破損，倒裝請寄回台北聯經書房更換。　ISBN 978-957-08-4619-5 (平裝)
聯經網址：www.linkingbooks.com.tw
電子信箱：linking@udngroup.com

國家圖書館出版品預行編目資料

中小學生必讀西洋歷史轉捩點/曹若梅著．吳宏聰繪圖．初版．臺北市．聯經．2015年9月（民104年）．240面．17×23公分（中小學生學習書）
ISBN 978-957-08-4619-5（平裝）

1.歷史教育 2.西洋史 3.小學教育

523.34 10104017300